侯海�"

杜甫

这辈子 月是故乡明

侯海荣 著

中国言实出版社

图书在版编目（CIP）数据

杜甫这辈子 . 月是故乡明 / 侯海荣著 . -- 北京：中国言实出版社, 2023.11

ISBN 978-7-5171-4680-3

Ⅰ . ①杜… Ⅱ . ①侯… Ⅲ . ①杜甫（712-770）- 传记 Ⅳ . ①K825.6

中国国家版本馆 CIP 数据核字（2023）第 213494 号

杜甫这辈子：月是故乡明

责任编辑：薛 磊 李 颖
责任校对：李 岩

出版发行：中国言实出版社
地 址：北京市朝阳区北苑路180号加利大厦5号楼105室
邮 编：100101
编辑部：北京市海淀区花园路6号院B座6层
邮 编：100088
电 话：010-64924853（总编室） 010-64924716（发行部）
网 址：www.zgyscbs.cn 电子邮箱：zgyscbs@263.net

经 销：新华书店
印 刷：北京中科印刷有限公司
版 次：2024年1月第1版 2024年1月第1次印刷
规 格：787毫米×1092毫米 1/32 7.5印张
字 数：150千字

定 价：53.00元
书 号：ISBN 978-7-5171-4680-3

目录

1

中年杜甫：
一份独特的生命样本（代序）

魏学来（中央广播电视总台《百家讲坛》总编导）

　　《杜甫这辈子》（中部）是侯海荣教授继《诗说魏晋南北朝》《杜甫这辈子》（上部）之后，第三次登上《百家讲坛》。侯老师从学术底色、性格本色、文化成色出发，经过一步步磨砺，逐步形成自己的演播特色。我在《百家讲坛》2023年度节目盘点中这样评点道：侯海荣老师带着她的热血，带着她的同情，带着她的耐心读杜甫，设身处地，感同身受，以诗说史，呈现出一个可感可亲可近的杜甫；侯老师来自东北黑土地，既有学者睿智的学识与见地，也有东北语言的幽默与诙谐；既有壮士收刀入鞘的爽利，也有轻拢慢捻的悠长情思。好一位动静相宜、飒爽干练、纵横捭阖的女中豪杰！

　　《杜甫这辈子》（上部）播出、出版后，社会反响甚广。侯老师以其丰赡的史料、至诚的解析、挥洒自由的语言，将一代"诗圣"还原成一个"真人"。有人说，杜甫的一生就是一首诗。假如这首诗是首律诗，那么，从公元 757 年杜甫官拜左拾遗到被贬华州，再到辗转秦州、客寓同谷，这段人生苦旅恰好是杜甫这首诗"起承"过后"转"的部分。侯老师是如何用十集的篇幅讲好杜甫人生至暗时刻的呢？

场景化还原：让诗歌之根植于深厚的历史土壤中

讲杜甫自然离不开讲杜诗。我在和侯老师探讨这个系列节目时，曾经确立一个讲解的基本原则：每一集尽量以一首诗为主线，深度解读，突出中心，避免过多的信息量分散节目的吸引力，并且防止陷入到一个模式化的讲课套路中，即："读诗题——知诗人——解诗意——悟诗情"。

孟子说："颂其诗，读其书，不知其人，可乎？是以论其世也。是尚友也。"孟子指出，如果认为和天下的优秀人物交朋友还不够，便要上溯古代的优秀人物。吟咏他们的诗，品读他们的书，不知道他们到底是什么人是不可以的。所以要研究他们所处的社会时代，上溯历史与古人交友。虽然孟子的本意是讲交友之法，但是，"知人论世"被后世文艺评论家们视作理解诗文的一大路径。一首诗如果能和诗歌诞生的时代语境、外部信息、作者命运相参证，才会更加透彻和感人。比如，在讲述《梦李白二首》的时候，侯老师从"三夜频梦君，情亲见君意"引入，再自然而然地转入李白卷入唐朝政坛惊天大案"李璘案"这一历史事件当中，让观众在了解惊心动魄的历史故事的同时，更能明白杜甫为什么会三梦李白，体会到杜甫对李白那种刻骨铭心的想念以及如坐针毡的惦念。诗作背后的大历史与文本深处的小细节，单纯挖掘这种诗歌的现场感比较容易，但是能够场景化还原并让观众代入就非常不易了。

在很多人心目中，杜甫已经被符号化了，他眉头紧蹙，忧国忧民，诗风沉郁顿挫，但在侯老师看来，此种"学院派"评价在杜甫表现出的"大悲悯"面前过于梗概，只能退居其次。杜甫对朝廷有讥讽，对自己有自嘲，更可贵的是，杜甫诗句中有真挚、清新、幽默和大爱。在侯老师的眼中，她更愿意这样去理解杜甫，也让杜甫更无愧于"伟大"二字。比如，侯老师围绕邺城大败这一中心事件，评价杜甫"上悯国难，下痛民艰。'民为贵，君为轻'，那些底层百姓，可以说他们到了杜甫笔下，由'群演'一步冲到了主角的位置。整个《三吏》《三别》，杜甫是平平而起，语语落实，但是，却如浅水引舟，渐入深流。""杜甫心疼的人和他不沾亲、不带故，难怪有人说杜甫是亿万苍生的最强'嘴替'，他可以代替一切不幸者来表达一切不幸的情绪。"

空间化延展：让诗歌之花开在漫长的人生羁旅中

古人讲，天地四方曰宇，"宇"指的是空间。《管子》中用"合"，也就是"六合"来指空间。岁月流动不居，空间持续变换。汉代人曾经说过："诗者，天地之心。"时空向度历来是读诗解诗的一个重要视角。"念天地之悠悠"，诗人陈子昂对空间的千年一叹，不知勾起多少人内心深处的波澜起伏。

"人生天地间，忽如远行客"。某种程度来讲，杜甫是忧郁的诗人，也是行走的诗人。在移步换形中，承载着杜甫的生命意识与忧患意识。正如侯老师在节目中所说，为什么客愁会成为中国文学的一大母题？说到底，中华文明是典型的农耕文明，所以，在文化心理上，每个人都安土重迁。然而，杜甫生逢乱世，诗人大半生不是在路上，就是准备在路上，迁徙、流动、飘蓬成了他的生命常态。所以，《杜甫这辈子》（中部）沿着杜甫生命中不断转换的空间展开，构建出杜甫天涯倦客、浮云游子的生命张力。凤翔、华州、新安、石壕、潼关、秦州、同谷，诗人目睹山河变色、百姓残喘，在杜甫的诗歌里，无尽的客愁与眼前的真实相撞，生成深邃的历史沧桑感。这些客观存在的空间因为杜甫诗歌而增添了不一样的文化色彩。

当杜甫置身石壕村，在这样一个微小的空间里铸就了一首经典的诗作《石壕吏》，侯老师替杜甫把它总结为五个"至极"：

第一，惊恐至极。"暮投石壕村，有吏夜捉人。"一对老夫老妻，吓得惊恐至极。

第二，悲惨至极。"三男邺城戍，二男新战死。"一户人家，连丧二子，悲惨至极。

第三，贫困至极。"有孙母未去，出入无完裙。"年轻的儿媳，衣不蔽体，贫困至极。

第四，无奈至极。"老妪力虽衰，请从吏夜归。"老妇哀求无效，无奈至极。

第五，孤苦至极。"天明登前途，独与老翁别。"老妪生死难卜，老翁形单影只，孤苦至极。

这五个"至极"，让杜甫越过了一座"大关"，一跃成为和百姓肩并肩的大诗人，他用一束永不熄灭的人性之光去照亮社会的前路，之前，杜甫的诗还没有超过唐代其他诗人，从这之后，唐代的诗人便很少能有超过杜甫的了。"一个小小的石壕村，因为杜甫住了一个晚上，就变成了中国古代名气最大的村子之一"。"当诗人寄居在一个又一个人生驿站，他心里的故乡就变成了一个渐行渐远无穷大的区间。但是杜甫的客愁包含多个维度，它包含羁旅情怀的宣泄、亲情团聚的诉说、故园故土的眷恋、家国命运的感慨、个体价值的忧思"。

个性化传达：让诗歌之义融进当下的文化语境中

中国传统文化中有一种重要的质素，就是那份兴发感动的力量。《毛诗序》中说"情动于中而形于言，言之不足，故嗟叹之，嗟叹之不足，故永歌之，永歌之不足，不知手之舞之，足之蹈之也。"

《百家讲坛》的节目不同于学术论坛，忌讳抽象的话语与枯燥的说教，其中很重要的一点是通过某部作品或某位人物命运来传达作者的人生感悟和生活智慧，从而启迪人类美好的人性，生发积极奋发的人生态度。

侯老师的讲述在杜甫与观众之间架起一座沟通的桥梁，从诗词中提炼出人间的至情至性，巨大的共情力直指当代人的心灵需求。比如，"我一直觉得，在唐代诗人当中，写人情写得最好的首推杜甫。有些书，我们去读它，是用来谋生的，也就是说，它是我们生存的一个必修课；但是有些书，我们读它是用来修心的，就像老杜的诗，它相当于心灵'SPA'，是一种全方位的美学唤醒。可以说，杜甫把真善美熔炼在了那个不真、不善、不美的乱世。"

再比如，讲到杜甫与老友卫八的家宴，"有人说，早春的韭菜，晚秋的白菜，最为鲜嫩可口。看来，卫八招待杜甫的这顿菜，档次不低啊。我觉得，杜甫当时吃的韭菜未必水灵灵的，米饭也未必香喷喷的。在唐朝，最高规格应该是杀鸡待客，还轮不到韭菜充当主菜，最多当个配菜，'故人具鸡黍，邀我至田家'。如果像李白说的'烹羊宰牛且为乐'就更奢华了。你看，李白诗里和酒匹配的，要么是金樽清酒，要么是玉盘珍馐，要么是'郁金香、琥珀光'，就算李白喝了个寂寞，人家还能'举杯邀明月'。那杜甫的餐桌，那么朴素，他为啥还那么感动？吃啥不重要，重要的是和谁吃。一顿小吃，有时胜过一顿大餐。杜甫与卫八处士的相聚夜饮，精准提供了情绪价值，治愈了两个有故事的人。"

在演播室录制阶段，侯老师就受到很多年轻同事的追捧，虽然侯老师讲述的内容是"好像从未年轻过的杜甫"，但是她贴近当下，贴近生活，贴近年轻人的语言，因此，让年轻人"追剧不断"。比如，节目中出现"中国好邻居""微幸福""上班划水""网格化管理""长期热搜""表情包""玫瑰＋拥抱""心碎＋菜刀"等等，俯拾皆是，妙语连珠。这些生动鲜活的字眼，让杜甫瞬间年轻了不少，时尚了不少，也亲近了不少。当然，这样的讲述并非刻意穿越，哗众取宠，而是基于受众接受所需而在古今之间进行的苦心切换与完美演绎。

杜甫是一个讲不完的话题，侯海荣老师以诗见人，厚积薄发，精心打磨的三十集系列节目《杜甫这辈子》，让我们领略到一代诗圣"真性情""普通人"的一面。这无疑又为新时代杜甫文化的创造性转化和创新性发展添加了浓墨重彩的一笔。

2024 年 1 月 8 日

壹

白头拾遗

杜甫为何称自己为「白头拾遗」？

外人看来轻如鸿毛的职位，为什么

在杜甫心中却是重于泰山？

【文前按语】

　　杜甫有众多的别称，除了最为人熟知的"诗圣"外，他还有一个别称，叫杜拾遗，在数十年的怀才不遇后，一场"安史之乱"的爆发，虽然打乱了大唐的进程，却给了杜甫一次全新的机会，让他能够成为皇帝的近臣，为危如累卵的国家建言献策。国之不幸、民之艰辛，却成就了他人生的一大幸事，这大概也是杜甫生不逢时的有力印证，对忧国忧民、悲天悯人的他来说，这是幸，也是一大不幸。他必须抓住这样一个机会，才能实现自己的济世报国之愿，才能挽救天下苍生于水火之中。那么，杜甫究竟是如何当上左拾遗的？这个官阶并不高的职位，对杜甫来说究竟意味着什么呢？

01

　　说到杜甫，咱们都知道，杜甫是他的姓名，姓杜名甫；如果说他在家族中的排行，排行老二，"杜二"；如果说他的字，杜子美；如果说他的号，杜少陵；如果说他留下的"网红景点"，杜草堂；如果以他的官职论，一个是杜拾遗，一个是杜工部。对于拾遗，杜甫在诗里不光说过"拾遗"[1]，还加过前缀，叫"白头拾遗"。

　　我在《杜甫这辈子》上部讲过，杜甫的仕途，这一路除了红灯，就是等红灯。那"拾遗"这个官，杜甫是咋当上的呢？杜甫写诗告诉我们："涕泪受拾遗，流离主恩厚"[2]。于是乎，有人做了个类比，说"刘备的江山——哭来的"，杜甫的拾遗——同样是哭来的。

　　那我想给杜甫讨个说法，白头拾遗，杜甫到底是熬来的、争来的、博来的还是靠眼泪赚来的呢？

　　要想给这个问题做出一个合理的解释，咱们必须把时间拨回到公元 757 年的春天，这个春天杜甫在哪？杜甫被困长安，也就是身处安史叛军盘踞的核心区。那杜甫能够实现一个华丽的转身，转身成为拾遗，第一步得咋走？必

---

[1] 比如，"拾遗曾奏数行书"，出自《奉酬严公寄题野亭之作》。

[2] 见唐代杜甫《述怀》。

须从"敌占区"逃出去，对不对？杜甫出逃，光有"作案"动机当然不行，有两大难题摆在他面前。

第1题：往哪逃？第2题：从哪逃？

咱们先说第一题，目的地在哪？往哪逃呢？皇帝在哪里，杜甫就逃到哪里。皇帝在哪？唐肃宗最初是在灵武即位的，可是这个时候，他的临时政府换地方了。为啥呢？公元756年正月，安禄山在洛阳龙袍加身，自称大燕皇帝，至此，放羊娃圆了他的帝王梦。然而，这个梦并不长。到了公元757年正月，安禄山就被内部人暗害，真是应了一句话：过把瘾就死。随着形势变化，肃宗皇帝已经移驾凤翔。凤翔，就是今天的陕西凤翔。所以，凤翔就成了杜甫全力以赴要逃奔的终点。

咱们再说第二题，突破口在哪？从地理方位来看，凤翔在长安的西边，所以，西边就成了杜甫要逃跑的出口。当时的长安城，外郭城一共开了12座城门，其中的正西门名叫金光门。当时金光门既是重要的交通节点，也是重要的军事节点。金光门外有祭祀雨神的雨师坛，金光门内，曾是一代才女——上官婉儿的居所。杜甫要往西逃，因此，他把发力点就锁定在了西边的金光门。

可是，逃跑，这哪是不闪腰不岔气的事儿呢？杜甫可是从叛军的眼皮底下钻出来，这个冒险系数该有多大？难度系数又有多大？从长安到凤翔，不远吧？不，远！三百多里。谈何容易!

咱们不难想象,杜甫出逃,肯定下了很大的决心,光有决心够吗?他还需要耐心,需要等待时机。光有耐心够吗?如果能有人给他点信心,不是太好了么?就在这个关键时刻,出现了一个关键人物,这个关键人物,咱们必须提上一笔。

有一天,杜甫偶遇一个人,此人姓郑,名虔,郑虔。郑虔不是一般人,弱冠之年,进士及第。军事医学,无所不通;诗文书画,无一不能。要说杜甫和郑虔这次相逢可不是萍水相逢,二人乃莫逆之交,过从甚密。那郑虔是从哪来到长安的呢?郑虔也是逃出来的,只不过他是从东都洛阳逃出来的。因为安史叛军攻入长安之后,安禄山派人劫持百官,前往东都,郑虔迫不得已,还在洛阳当了一段时间的伪官。[1]不用说,在那样一个乱世背景下,杜甫和郑虔,二人重逢,契阔谈宴,既喜出望外,又百感交集。所以,郑虔的出现给杜甫生命中至暗的时刻带来了别样的希望之光。

那郑虔成功出逃到底给杜甫带来了怎样的心理震撼?咱们都知道,在杜甫之前,要论古代臣子,最能摆到台面的有麒麟阁十一功臣、云台二十八将、凌烟阁二十四功臣。

---

[1] 兵部郎中,后又被任为国子司业。郑虔心向朝廷,他利用任职的便利条件,想尽办法向朝廷输送机密情报。

安史之乱壁画　

这个时候，在杜甫心里，郑虔可比位列麒麟阁十一功臣的苏武。苏武牧羊，终于归汉；郑虔潜归，重返大唐，虽为异代之人，然而同等忠心，杜甫诗中赞叹道："白发千茎雪，丹心一寸灰。"[1] 郑虔[2] 这个时候已经六十多了，双鬓如雪，丹心如故，多么难能可贵；好在杜甫当时的官不大，人不红，名气更不响，杜甫仅仅是个右卫率府兵曹参军[3] 嘛，而且上任没几天，已经形同虚设。虽然安史叛军抓了他，但是杜甫不属于叛军"黑名单"上的重点看护对象，也没到被关押被监控的程度，所以，杜甫一直在打着"算盘"想逃出去。恰恰郑虔"作案"成功，简直让杜甫看到了一个"教科书级别"的经典案例，如果说信心是一把烈火，这无异于给杜甫的信心之火添上了一把"干柴"。

那杜甫是啥时候启动这个"作案"程序的呢？

02

还记得杜甫写过两句诗吧？"国破山河在，城春草木

---

[1] 见唐代杜甫《郑驸马池台喜遇郑广文同饮》。

[2] 郑虔（公元 691 年－公元 759 年），和杜甫相遇在公元 757 年。

[3] 右卫率府兵曹参军，品秩是从八品下。

深"。对了，就是这个时候，草木长得密、长得高，利于藏身，避人耳目，这是出逃的最佳时机啊。所以，四月的某一天，杜甫悄悄行动了。杜甫回忆说，他起了个大早，沿途有很多树，但可见度特别低，他就沿着朦胧的大树的影子往前走，即使前面是明晃晃的大道，杜甫也不敢走啊，这个时候，最坏的路就是最好的路。当然，保不齐途中会有猛兽的威胁、饥饿的威胁、迷路的威胁，当杜甫只身一人仓皇逃遁，他在心里也犯嘀咕啊。这荒郊野外，说不定自己下一刻就会变成孤魂野鬼。杜甫就这样一边向西逃，一边向西望，既提心吊胆，又望眼欲穿。

杜甫逃了好多天，总算逃出来了！要问咋逃出来的？杜甫用一个字进行了概括，"窜"：《自京窜至凤翔喜达行在所》[1]。窜，这是个会意字。它的繁体字是"竄"，本义是老鼠隐藏在洞穴里。[2] 所以，凡是和窜有关的成语，比如抱头鼠窜、掉头鼠窜、捧头鼠窜、狼奔鼠窜、狐奔鼠窜、鸡飞狗窜等等，没一个好词儿。大家想，一个"窜"字，杜甫真是写尽自己种种的慌乱、种种的忐忑、种种的狼狈。

杜甫到了，一大帮人吓傻了。认识杜甫的朋友全都惊

---

[1] 此诗《文苑英华》题为"自京窜至凤翔喜达行在所三首"。《喜达行在所三首》是唐代大诗人杜甫的组诗作品。

[2]《说文解字》，中国书店，1162 页。

愕不已，此时的杜甫形容枯槁、落魄不堪，与从前的杜甫判若两人。他们说，只有一年多不见，老杜你咋老成这样，瘦成这样了？"所亲惊老瘦，辛苦贼中来"。杜甫突围，那是经过千思万虑、千辛万苦、千难万险的。

【编者语】

这一路颠沛流离、跋山涉水的逃亡之路，虽让杜甫历经了种种狼狈，变得形销骨立、憔悴不堪，但他内心的一团火却越烧越旺，洋溢着精忠报国的赤诚与热烈。他所奔向的终点不仅仅只是凤翔，更是一个国家的光明前途，一个时代的和平兴盛。那么，杜甫到达目的地后，他将以怎样的姿态面见天子？唐肃宗又会如何接待这一介赤胆忠心的臣子呢？

当杜甫面见肃宗皇帝，再看杜甫是什么模样？"麻鞋见天子，衣袖露两肘"[1]，根据这两句诗，咱们大体还能做出一个猜测，杜甫出逃前，他不仅勘察地形，暗中探路，而且做了精心准备，他要"乔装打扮"，所以备好了麻鞋布衣，可是，担心暴露目标，他有时难免要趴在地上匍匐

[1] 见唐代杜甫《述怀》。

前进。山路崎岖，荆棘遍地，所以，杜甫的鞋子磨破了，胳膊肘开花了，衣衫褴褛，蓬头垢面。此刻的杜甫见到皇帝，思潮翻滚，皇帝见到杜甫呢？同样心存感动。杜甫四月到达，五月就被授予"拾遗"这个官，这就是"杜拾遗"的来历。当然，杜甫感恩戴德，泪眼模糊。这就有了咱们开头所说的"涕泪受拾遗，流离主恩厚"。[1]接下来的问题是，尽管杜甫说"涕泪受拾遗"，但拾遗真是杜甫哭来的吗？

我要跟大家讲，杜甫出逃，这在当时非常了不起。难怪说，历史仿佛一间巨大的心理实验室，安史之乱就是一面考验人性的照妖镜。咱们不妨作个横向比较。当潼关失守，长安最后一道屏障没了，大唐天子怎么样？《旧唐书》说"出幸"，《新唐书》说"西狩"，咱们都心知肚明，这是春秋笔法，为尊者讳，说白了，就是逃难。大乱一来，文武百官顿时分成了几派，有跟随皇帝扈从出驾的，有自谋出路逃往山野的，有左右摇摆静观其变的，也有装病吃药和叛军"非暴力不合作"的，还有一些世受国恩的高官名流，他们怎么样？他们倒向了安禄山，比方说，宰相陈希烈、驸马张垍[2]，无论是权力之欲还是性命之忧，即使他们拿出999个投降的理由，也没有一条值得原谅。

[1] 见唐代杜甫《述怀》。
[2] 垍，读（jì四声）。

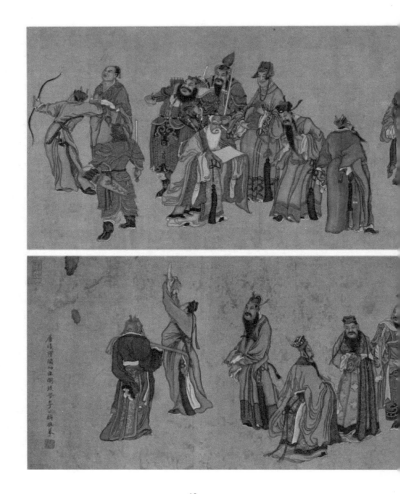

再看杜甫什么表现？按照人之常情，咱们不妨换位思考，杜甫好不容易逃出来，他恨不得身长翅膀脚生云，恨不得日行千里草上飞？往哪去？当然回家呀，这是人的本能反应。可是，杜甫直奔凤翔，而且这是杜甫第二次投奔皇帝，第一次不是中途被抓了吗，新皇帝没见成，反把自己送入虎口。这次逃往凤翔，当时的唐肃宗什么情况？新皇帝"上岗"没几天啊，皇帝的宝座能不能坐稳，不确定，皇帝能不能带领官兵平定这场叛乱，也不确定。不管有多少个不确定，杜甫的信念是确定的，他找着皇帝就是找着国家，这是杜甫思想和行动的双重自觉。

后来，杜甫曾对唐肃宗表白个人心迹："臣以陷身贼庭，愤惋成疾。"[1]杜甫虽陷于敌手，但是杜甫自始至终和叛军势不两立，所以只身一人伺机出逃。大家知道吗，当时长安和凤翔之间，两军正在交战。如果再被叛军俘获，必死无疑。九死一生逃出长安，九死一生穿过战场，最后九死一生逃归凤翔，目前我们能够看到的史料所及，除了杜甫，再无他人。从这一点来讲，在大是大非面前，杜甫已经达到孔子所说的"造次必于是，颠沛必于是"[2]。

那杜甫坚守的到底是什么呢？我认为杜甫坚守的是儒家的崇高人格。用孟子的话说，就是"大丈夫"精神；用《论

---

[1] 见唐代杜甫《奉谢口敕放三司推问状》。
[2] 出自《论语·里仁》。

语》的话说，就是君子节操。什么是君子？"可以托六尺之孤，可以寄百里之命，临大节而不可夺也。君子人与？君子人也。"[1] 可以将辅佐幼主的重任托付给他，可以将大国的政事交代给他，当遇到国家生死存亡的关头，有定力、不动摇，这样的人才算得上真君子！我们不是以君子之名，强行给杜甫戴上一顶什么高帽。咱们都知道朱熹，作为一代理学宗师，他检验历史人物，眼里可是容不得沙子，不管是谁，不批评就算表扬了，但是朱熹列出一份光荣榜，上面列的是"五君子"[2]，在这么限量版的五君子名单中，我们看到了杜甫的名字。

有道是"疾风知劲草，板荡识诚臣"，如果说安史之乱是一场飓风，有人在风中折断，有人在风中折腰。那杜甫呢？"麻鞋见天子，衣袖露两肘"，寒酸不寒酸？寒酸。可怜不可怜？可怜。但是忠诚不忠诚？我觉得，光说忠诚还不够，这是大写的忠诚。自古以来，"不精不诚，不能动人"，杜甫的忠诚之举，可与山河永在，可与日月争光。

什么叫忠诚？

---

[1] 出自《论语·泰伯》。

[2] 朱熹列出的五君子分别为诸葛亮、杜甫、颜真卿、韩愈、范仲淹。出自《王梅溪文集序》："此五君子，其所遭不同，所立亦异，然求其心，则皆所谓光明正大，疏畅洞达，磊磊落落而不可掩者也"。

03

所谓忠诚，我做出的通俗的解释是：一旦如此，始终如此。今天，我们谈忠诚，估计某些人，要么觉得陈词滥调，土到掉渣；要么觉得大而无当，令人鸡皮疙瘩掉落一地。尤其杜甫的忠诚，曾被视为愚忠。其实，每个人的生命焦虑都具有历史性。我们必须以历史的眼光去审视这些历史人物。大家想，在封建社会，不忠君还能忠于谁？忠君和爱国，分而为二，合则为一。杜甫忠于皇帝，但他忠于的是好皇帝，用他的话说，是尧舜那样的好皇帝。杜甫不是没有批判，他的好多诗简直和皇帝只隔着一层窗户纸，揭开了朝廷最后一块遮羞布。

所以，如果认定杜甫是愚忠，那历史上和杜甫一样的愚忠之士，不是数都数不过来吗？比方说，辛弃疾。如果说，杜甫是在墨里悲天悯人，辛弃疾就是在纸上横刀立马。无论他们忠于大宋还是忠于大唐，目的都殊途同归。他们都希望这个世界变好，万物可喜，人间值得。当意义世界崩塌，正是忠诚这种强大的内驱力、成长力，才使他们呈现出极其个性又极其高贵的生命姿态，一个成了词中之龙，一个成了诗中之圣。

再说，杜甫投奔唐肃宗，他的动机何在？早就有人一语道破："公若潜身晦迹，可徐待王师之至，必履危蹈险，归命朝廷，以素负匡时报主之志，不欲碌碌浮沉也"[1]。大家看，杜甫是要有所为的，无论贫贱病痛，国家要关心，政治要关注，苍生要关怀，这才是杜甫的精神强度，也是杜甫的精神落点。所以，通过复盘杜甫成为"杜拾遗"的前前后后，我给出的答案是：拾遗这个官，杜甫靠的不是哭，靠的是忠诚。进一步讲，眼泪只是一个表象，忠诚才是它的内核，而忧国忧民才是忠诚的实质。

【编者语】

　　杜甫怀着对大唐的忠诚，以及对天下百姓的怜悯，在兵荒马乱之中，跨越千难万阻来到唐肃宗身边，向这位新的圣上吐露衷肠、表白心迹。他的每一言每一句都透露出对叛军的痛恨，对中兴的信念，和对苍生的关照。杜甫不屈不挠的高贵品格，以及九死一生的逃亡经历，深深地打动了这位求贤心切的皇帝，并决定亲授他左拾遗一官。那么，杜甫在当上左拾遗后，要履行怎样的职责？他又是凭借哪些才能得到这一官职的呢？

---

[1] 见清代仇兆鳌《杜诗详注》，北京：中华书局1995年版，第349页。

那拾遗到底是个啥官呢？补阙和拾遗都创置于一代女皇武则天时期[1]。拾遗[2]的拾是捡起，遗是遗漏，捡起皇上遗漏的东西，当然就是弥补政策决策的不足。所以，补阙[3]和拾遗，核心工作就是"专业"给皇帝挑错纠错的。既是谏官，也是文官。咱们今天还在说查漏补缺嘛。当时的补阙、拾遗，各分左右。杜甫是左拾遗，要说这个官儿大不大，真不大，从八品上。

是不是大家心理有些不平衡了，杜甫到头来只捞取一个芝麻官，努力的"性价比"也太低了吧？这里有四个观察点，也就是四问。

第一点：问资格。在唐朝，哪些人有资格当选谏官呢？可能很多人想当然以为，像杜甫那样，能诗能文，如果这个基本功过硬，就八九不离十了。其实，任命谏官需要给这个"预备干部"打个综合分，往往从多项分解指标进行"量化考核"，比如文、学、干、行。文尚辞藻，学求儒术，干重才能，行看人品，也就是说，作为谏官候选人，四缺一，都不能胜任谏官。

第二点：问职责。大家都知道，无论补阙还是拾遗，

---

[1] 指垂拱元年，公元 685 年。

[2] 见于《唐六典》卷 8："言国家有过阙而补正之，故以名官焉。言国家有遗事，拾而论之，故以名官焉。"

[3] 阙，读（que 一声）过失，错误。如阙失。补阙就是负责匡补君王缺失的官员。

他们在皇帝面前不仅出镜率高，关键有发言权，能够近距离参与国事。杜甫的人生定位在哪？咱们之前讲过，"致君尧舜上，再使风俗淳"，所以，杜甫担任左拾遗，不仅说明他离皇帝越来越近，而且说明他离志向也越来越近，现实和理想基本合拍。杜甫满不满意我不敢说，就连我都替杜甫感到满意了。

第三点：问发展。拾遗，可以从一介微官直接高居宰相，也就是说，他不用一步一个台阶往上爬。根据史料检索，在唐代文学家中，很多人担任过拾遗，[1] 其中如咱们熟悉的张镐、张说[2]、张九龄等等，都是启动"快进键"，由拾遗补阙升到顶层。

第四点：问流程。杜甫被授为左拾遗的这一天是他人生履历最光彩夺目的一天。准确地讲，这是公元757年5月16日。在古代，任命官员的文凭有个术语，叫"告身"，那杜甫的告身咋写的呢？大家看关键的几句："襄阳杜甫，尔之才德，朕深知之。今特命为宣义郎、行在左拾遗……

---

[1]唐代文学家中担任过拾遗的大约有41人，如陈子昂、司空曙、令狐楚、白居易、沈既济、柳公权、王维、杜甫、高适、张镐、李绅、郑谷等等。见傅绍良《唐代谏官与文学》，陕西师范大学，2002年博士论文，第60页。

[2]说，读（yue 四声）。

（年月有御宝一）"[1] 因为此前，杜甫曾经担任右卫率府兵曹参军，那个时候唐肃宗身为太子，相当于杜甫的"老领导"。所以，皇帝说，他对杜甫的家世、人品一清二楚。这次杜甫被任命为左拾遗，发生在凤翔行在时期，所以被称作"行在左拾遗"[2]。

在这份告身最后，唐肃宗直接用了他的御宝，皇帝直接授官，由宰相施行，这是极为罕见的。如果走正常程序，要经过尚书省、中书省、门下省三省审批，如果这个步骤省略了，说明啥？唐肃宗不仅对杜甫青睐有加，同时也是求贤心切。杜甫这个告身，类似后世所说的任命状。有没有人见过呢？清初的钱谦益在《钱注杜诗》里说得很详细，他说杜甫这个告身是用黄纸写的，宽和高都有四尺，大约两寸那么大的字，这个御宝呢，方五寸左右。那这个大"证书"，含金量实在太高了，"24k"的。它成了传家宝，被杜甫的后人珍藏着呢。

---

[1] 见于《平江县志》。右敕用黄纸，高广皆可四尺，字大二寸许，年月有御宝，宝方五寸许。今藏湖广岳州府平江县裔孙杜富家。清初钱谦益（1582 —1664）《钱注杜诗》著录唐授杜甫左拾遗告身原文及相关情况，当来自弘治、隆庆或崇祯《平江县志》。

[2] 准确地讲，是"行在左拾遗"，因为唐代有"行在官"这个说法，比方说武官，有行在都虞侯、行在右厢兵马使、行在中军鼓角使，文官有行在尚书户部侍郎。

04

　　杜甫当上了左拾遗，他的"工作服"又是啥样的？咱们接下来聊聊杜甫的朝服，也叫官服。官服是古代国家礼制的重要组成部分，正所谓"中国有礼仪之大，故称夏；有服章之美，谓之华"[1]。到了大唐，官服制度进一步完善，不同的官服成为区分尊卑的重要标识，由此形成了一个色彩符号的等级序列。具体来说，唐代三品以上官员穿紫色；四品、五品官员穿红色，也叫绯色；六品、七品官员穿绿色；八、九品官员穿青色。那杜甫应该穿哪种颜色？青色。[2]没错，杜甫称自己是"青袍朝士"，就是穿青色长袍上朝的人。[3]

　　尽管"青袍朝士"还处于官阶金字塔的塔底，哪怕在外人眼里轻如鸿毛，但在杜甫心中却重于泰山。因为对于杜甫而言，它远远超出了官职这一概念。杜子美成了杜拾遗，杜甫前所未有的开心。

　　杜甫不仅在诗的题目中用过"甯"这个字，也用过"喜"

---

[1] 见于《春秋左传正义》。

[2] 唐贞观四年（630年）对官服的颜色有了详尽规定。其中"一、二、三品官员穿紫色，四品深绯，五品浅绯，六品深绿，七品浅绿，八品深青，九品浅青"。见《唐会要·卷三一》. 北京：中华书局1990年版，第569页。

[3] 见于唐代杜甫《徒步归行》："青袍朝士最困者，白头拾遗徒步归。"

郑虔像 ∧∧∧

这个字：《喜达行在所三首》，不光题目用了一个"喜"字，诗的内容还嵌入了两个"喜"字[1]。诗人为啥那么欢喜？我们需要明白，杜甫的悲喜从来不是一己之死生，一家之离合，杜甫得到新皇帝的赏识垂爱，怎么能不喜？诗人为国效力，最大化刷取存在感，又怎么能不喜？国家平叛可期，中兴有望，诗人岂止是欢喜，而且是喜不自胜[2]、喜极而泣。所以，杜甫能够走进肃宗政府的"办公大楼"真是对杜甫的胃口。就这样，"青袍朝士"杜甫积极履新，以全新的面貌"打卡"上班了。

那杜甫又为啥说自己是"白头拾遗"呢？[3]杜甫在"拾遗"前面加了个定语"白头"，这里包含两重意味。

首先，"白头拾遗"含有自嘲的意味。尽管有人说，每个人都有自己的花期，不要在乎别人是否在你之前绽放。话虽这么讲，失落感还是有的。从唐代官制看，拾遗是个适合年轻人担任的职位，通常是二十几岁、三十几岁，[4]而杜甫呢，虚岁46岁，比正常年龄要晚个十年甚至十多年，

---

[1] 两处"喜"字分别出自唐代杜甫"喜心翻倒极，鸣咽泪沾巾"，《喜达行在所三首》其二节选，和"犹瞻太白雪，喜遇武功天"，《喜达行在所三首》其三节选。

[2] 出自唐代杜甫"犹瞻太白雪，喜遇武功天"，《喜达行在所三首》其三节选。

[3] 出自唐代杜甫《徒步归行》："青袍朝士最困者，白头拾遗徒步归。"

[4] 比方说，担任拾遗时元稹28岁，王维35岁，张九龄35岁，陈子昂36岁，白居易37岁。

所以杜甫老来得官，虽然有点兴奋，但也难免有些尴尬。

其次，"白头拾遗"含有自伤的意味。杜甫诗中多次写到自己的白发，这次当杜甫被授左拾遗，可以想象白发又增加了许多，白发成为杜甫相貌的一个显著特征。此后，白发伴随了杜甫的一生[1]。

那既然拾遗是个谏官，提到谏官，大家第一时间会想到魏征，因为魏征已经成为犯颜直谏的一个"标杆"人物。"以人为镜，可以明得失"，魏征言辞冷峻，富有洞见，成为唐太宗治国理政的一面镜子。但咱们也心如明镜啊，在古代，"普天之下，莫非王土，率土之滨，莫非王臣。"[2] 爱听漂亮话，此乃人之天性，何况九五至尊呢。因此，朝中有个铁打的规律，帝王身边总有一大堆奸佞之徒，巧言令色。魏征说得好，他说："陛下导臣使言，臣所以敢言。若陛下不受臣言，臣亦何敢犯龙鳞、触忌讳也"[3]。一个是敢，一个是何敢。魏征告诉我们，他之所以胆子那么大，这里隐藏一个前提，那就是李世民纳谏如流。换句话说，

---

[1] 比如，《北征》："况我堕胡尘，及归尽华发。"《莫相疑行》："男儿生无所成头皓白，牙齿欲落真可惜。"《重题（哭李尚书之芳）》："涕泗不能收，哭君余白头。"《追酬故高蜀州人日见寄并序》："东西南北更堪论，白首扁舟病独存"等等。

[2] 出自《诗经·小雅·北山》。

[3] 出自《贞观政要》。

竭尽股肱之力的底层逻辑主要在于，喜逢知遇之主。只有雅量雄主才有直谏名臣。所以，进谏看似一道送礼题，一不小心就是一道送命题。

从杜甫这辈子来讲，窜至凤翔，这是他深陷贼中苦难历程的终结；白头拾遗又是杜甫崭新生活道路的开启。都说不经历风雨，怎能见彩虹？杜甫虽见到了彩虹，却迎来了更大的风雨。

贰

疏救房琯

杜甫为何冒着触怒皇帝的危险而直言进谏，为房琯辩护？这件事情对杜甫今后的人生有何重大影响？

【文前按语】

在至德二载，年近天命之年的杜甫终于得到了皇帝的赏识，获任"左拾遗"一职。中年有成的欣慰使他一扫曾经困顿长安的十年辛酸，重新燃起了人生的斗志。可是，命运对他的这场眷顾并没有持续太久。杜甫上任之初，正是一场朝廷斗争愈演愈烈之时，那就是"房琯事件"。彼时满怀激情、意气风发的杜甫迫切期待着为挽救国家危难而奉献自我，所以他不惜承担各种未知的风险，毅然地加入到了这场争论中，而这段复杂凶险的朝廷风波再次将杜甫的未来带入了困顿的迷途。那么，"房琯事件"究竟是怎么一回事，为何杜甫执意救下房琯？这一场风波到底对杜甫今后的人生产生了哪些重大影响呢？

01

公元 757 年，杜甫作为"被告"，卷入了一桩钦定的要案。为什么把它定义为要案呢？因为这件事引发唐肃宗龙颜大怒，"诏令三司推问"。所谓三司，指的是御史台、刑部、大理寺。其中御史台是中央最高监察机关，刑部是中央司法行政机关，大理寺是中央最高审判机关。那三司推问又是咋回事呢？按照唐代的相关制度，凡是什么特殊的、重大的、疑难的案子，都由皇帝下诏，任命三司长官，组成一个特别法庭，三堂会审，这叫作三司推问，也叫作"三司推事"。[1]

那咱们琢磨琢磨，三司推问这个"专案组"的审判规格高不高？最高了。那咱们再琢磨琢磨，皇帝启动审理大案、要案的程序，加在杜甫身上，这又暗示啥？杜甫踩了"高压线"呐，凶多吉少。

这么严重的一场官司，杜甫是怎么卷进去的呢？四个字概括："疏救房琯"。房琯何许人？房琯可不是等闲之辈，说房琯出身高门，货真价实。房琯的老爸当过宰相，房琯

---

[1]《通典·职官典·御史台》"侍御史"条载："其事大者，则诏下尚书刑部、御史台、大理寺同按之，亦此为三司推事。"中央直接处理的重大诏狱，依例由三司长官或副长官，即刑部尚书或侍郎、御史大夫或中丞、大理寺卿或少卿组成，亲自按问。主持此案审理的是御史大夫韦陟、礼部尚书崔光远和刑部尚书颜真卿。

同族的爷爷不光是宰相，那是大唐一代名相——房玄龄，房琯本人也毫不逊色，他是唐玄宗、唐肃宗时期的两朝宰相。问题是，疏救房琯，房琯犯了啥事儿？

《新唐书》是这么记载的："（甫）与房琯为布衣交，琯时败陈涛斜，又以客董廷兰，罢宰相。甫上疏言：'罪细，不宜免大臣'，帝怒，诏三司亲问。"[1] 这段文献出现两个关键词：一个是地名陈涛斜；一个是人名董庭兰。陈涛斜和房琯啥关系，陈涛斜在陕西咸阳附近，在这儿发生了房琯领兵的"滑铁卢"之战。董庭兰和房琯啥关系？引文没有展开，根据其他史料，董庭兰是房琯的一个门客，后来有传言说，房琯经常大宴宾客，董庭兰倚仗房琯，借机受贿。就这样，两件事合并到一起，结果是房琯被罢相。在这个时候，杜甫出面了，他为房琯求情，那杜甫又和房琯啥关系？杜甫和房琯是河南老乡，房琯还没有飞黄腾达的时候，俩人就是"布衣之交"[2]、好哥们。疏救房琯，救没救成暂且不论，杜甫明摆着跟着房琯吃了"锅烙"[3]。于是就有了咱们开头所说的庭审现场。以上就是杜甫疏救房琯一案的案发背景。

---

[1] 出自《新唐书·杜甫传》。

[2] 据《旧唐书·杜甫传》记载：房琯布衣时与甫善。《新唐书·杜甫传》载：与房琯为布衣交。

[3] 指本来没自己的事情，却跟着别人一起受到了牵连或沾光。

房玄龄像

唐肃宗像

王维像

张镐像

先来说第一件事：陈涛斜败北。当安史之乱进行到第二个年头[1]，长安、洛阳全都落到了叛军手里。这个时候，房琯主动请缨，他要把长安、洛阳夺回来。大家想，收复两京，这对于刚刚登上皇帝宝座的唐肃宗来讲真是要多么重要有多么重要。

平心而论，要说房琯本是个文官，不是武将，所以，让房琯指挥军事，不是发挥了他最长的长项，反而暴露了他最短的短板。房琯毛遂自荐，自请为兵马大元帅，皇帝竟然同意了，因为房琯素有盛名，这个时候已经是"御前红人"。接下来房琯亲自敲定这支部队的中枢指挥系统，房琯自己是文官倒也罢了，他这个军事领导班子也清一色由文职官僚搭建而成。人所皆知，双方作战最讲知己知彼，叛军那头啥情况？叛军兵锋正盛，主帅是安禄山手下大名鼎鼎的一员悍将。[2]

这还不说，房琯在战场上[3]又发生了严重的战略失误。他竟然搬出了春秋时期的车战之法，以牛车2000乘冲向敌阵。叛军一见，擂鼓呐喊，战士害不害怕咱不知道，这帮老牛可被吓蒙了，惊恐万状，一路狂奔。叛军抓住这个机会，顺风纵火，浓烟滚滚，咫尺莫辨，唐军人畜践踏，

---

[1] 至德元载（756年）10月。

[2] 指安守忠。

[3] 兵部尚书王思礼为副元帅。杨希文、刘贵哲、李光进各将一军，共五万人。南军自宜寿进攻，中军自武功进攻，北军自奉天进攻。

全线崩溃。[1] 房琯本来就喜欢高谈阔论，这次演足了纸上谈兵的戏码。

接下来，房琯打算以防守为主，等候良机。凡事最怕"可是"，可是，"房琯不急太监急"，唐肃宗派遣监军前来敦促，而且监军[2]催得要命，无奈之下，房琯只能率领余部，在附近的青坂再战、再败。房琯"两败涂地"，这是不是房琯被罢相的主要原因呢？

房琯带队，损兵折将，几乎把肃宗一朝惨淡经营的那点家底败了个精光，不仅沉重打击了唐军士气，也给后来向回纥借兵埋下了隐患。从史料来看，房琯曾经负荆请罪，加之有人出面求情，[3] 后来，唐肃宗对待房琯依然如故。由此可见，陈涛斜败北并不构成房琯被罢相的直接原因。而且若算一笔时间账的话，房琯从这次战败再到罢相，隔了大半年时间。

02

咱们再来说第二件事：董庭兰受贿。董庭兰，大家一

---

[1] 出自《资治通鉴》。

[2] 监军指邢延恩。

[3] 指李泌。

点都不陌生，"莫愁前路无知己，天下谁人不识君"[1]，对了，就是高适所写《别董大》里面的董大。董庭兰是啥身份呢？他既不是谋士，也不是武将，而是一位琴师。他琴艺高妙，简直妙不可言。[2] 房琯和董庭兰之间的"红娘"，不是别的，正是这把琴。因为房琯爱琴，爱到不能自拔；恰好董庭兰弹琴，弹得出神入化。就这样，二人因琴相识，董庭兰仰慕房琯的高义令名，不远千里，受邀而来，成为房琯府中的门客。[3]

需要指出的是，房琯遭到弹劾，后来被罢相。董庭兰受贿，成为推倒房琯的最后一根稻草。[4]

那董庭兰受贿了没有呢？我们找不到人证物证，但是能找到旁证。盛唐时期还有一位琴家，与董庭兰齐名，名字叫薛易简，他说董庭兰不事王侯，散发林壑，貌古心远，意闲体和，颇有隐逸之风。董庭兰的琴曲代表作表达的也

---

[1] 见唐代高适《别董大》。

[2] 出自《听董大弹胡笳声兼寄语弄房给事》。董夫子，通神明，深松窃听来妖精。言迟更速皆应手，将往复旋如有情。空山百鸟散还合，万里浮云阴且晴。嘶酸雏雁失群夜，断绝胡儿恋母声。川为静其波，鸟亦罢其鸣。

[3] 比如唐代诗人崔珏有诗："七条弦上五音寒，此乐求知自古难。唯有开元房太尉，始终留得董庭兰。"

[4]《旧唐书·房琯传》：听董庭兰弹琴，大招集琴客筵宴。朝官往往因庭兰以见琯，自是亦大招纳货贿，奸赃颇甚。《新唐书·房琯传》：琴工董廷兰出入琯所，琯昵之。廷兰藉琯势，数招赇谢，为有司劾治，琯诉于帝，帝因震怒。至德二载（757）五月。贬为太子少师。

这辈子 月是故乡明

王维《山阴图卷》 ∨∨∨

是淡泊宁静，清心寡欲的主题。如此董庭兰，和屡索贿赂者的形象，是不是有些对不上号呢？

后来，房琯被贬了，董庭兰曾去过房琯那里，试想，假如当年真的是董庭兰受贿，给房琯带来巨大的人生断崖，房琯总会有点情绪的变化吧？可是房琯没有一点点的不满意。"庭兰诣之，公无愠色"。[1] 由此看来，房琯对董庭兰有知遇之恩，董庭兰亦念房琯垂青之爱，二人如同高山流水，君子之交。如此说来，以董庭兰受贿作为房琯罢相的理由，是不是感觉有些牵强？

【编者语】

杜甫和房琯是非常好的朋友。房琯曾经多次帮助杜甫，杜甫也十分崇拜房琯的才华。当年房琯被杨国忠等奸臣陷害，杜甫还写下《秋雨叹三首》来暗讽朝局，支持房琯。而这次房琯再次遭遇不测，杜甫的上疏营救其实并非完全出自两人的私交之情，而是有着更深层次的原因。那么，杜甫冒着巨大风险疏救房琯到底还出于怎样的考虑？"房琯事件"背后又有着怎样错综复杂的因素呢？

---

[1] 见朱长文《琴史》。

· 37 ·

　　那房琯宰相干不成了，杜甫为啥要发声呢？因为在这个时间当口，杜甫为左拾遗。拾遗这个官儿，凡是皇帝诏令不便于时、不合于理，拾遗是有发言权的。不过，咱们都心知肚明，很多时候，拾遗不过是封建帝王装点门面的一个摆设，不认真不行，太认真也不行。杜甫呢？杜甫是谁呀？杜甫抗颜直谏，他要把房琯捞出来。

　　让我吃惊的是，我仔细对了一下时间表，杜甫疏救房琯这个时候，并不是杜甫已在朝中站稳脚跟，反倒是左拾遗的位子还没坐热乎，确切来讲，杜甫是5月16日授官，6月1日这场风波就结束了，算一算，杜甫穿上左拾遗的朝服刚刚半个月[1]的事儿，新官上任，初来乍到，朝中地皮还没踩遍呢。按照常规推理，房琯被罢相，赶上这么敏感的事儿，要么装聋，要么装哑，避之都唯恐不及。可是，杜甫不能绕着走，房琯捅了一个天大的娄子，杜甫就"拾"了一个天大的"遗"。

　　杜甫怎么说的呢？回到咱们开头那段引文，杜甫上书说，房琯"罪细，不宜免大臣"。[2]接着就是"帝怒"，你看这个因果关系。"罪细"指的是啥呢？就是董庭兰受贿这件事。在杜甫看来，因为这个小罪名而免掉一个大宰

---

[1] 半个月是指5月16日至6月1日。

[2] 出自《新唐书·杜甫传》

相，这有些小题大做了。杜甫后来又有一些具体陈述，大概意思是说，当时董庭兰已经六十多岁，老朽之年，一世清贫。杜甫不敢保证董庭兰是否纳贿，杜甫的态度是，就算董庭兰贪赃枉法，又不是房琯本人，房琯受他牵累，玷污了名声，[1]但不至于当这么大的"背锅侠"。

这就使得唐肃宗勃然大怒，必须要法办杜甫。

那杜甫是此案的当事人，旁观者又是怎么看的呢？当时，主持整个案件审理过程的韦陟上奏说了一句话，他说"甫言虽狂，不失谏臣体"[2]。他认为杜甫上书，虽然言辞上走了犀利路线，但他做了谏官应该做的事儿。武部郎中也上奏说："房琯有管、乐之才，不宜以小非见免。"[3]就连后来的宰相张镐，也和杜甫的态度基本一致，张镐同样认为："门客受赃，不宜见累。"[4]意思是房琯不应该被连累。由此可见，杜甫因谏得罪，朝中舆情并不是"一边倒"的态势，杜甫也没有成为十恶不赦的"靶子"，反倒得到了朝中某些清流的声援。

事情说到这里，咱们是不是也能听出十之八九。房琯

[1] 出自《新唐书·杜甫传》，"廷兰托琯门下，贫疾昏老。依倚为非，琯爱惜人情，一至玷污。臣叹其功名未就，志气挫衄，觊陛下弃细录大，所以冒死称述。"
[2] 出自《新唐书·韦陟传》。
[3] 出自《册府元龟》卷四六〇，张知微 。
[4] 指张镐。出自《旧唐书》。

被罢相，事情原本就不是那么简单透明。其实，这一事件的内幕，经过众多学者考证，早已水落石出。房琯的失势和遭贬与一个小人的谗言有直接关系。咱们都知道，历史上进献谗言这类的剧情一版再版，毫不新鲜。这个小人叫贺兰进明。[1] 贺兰进明这个家伙，和房琯不对付，所以在唐肃宗面前摆了房琯两道，最有杀伤力的谗言是说，房琯对老皇帝唐玄宗一心一意，对新皇帝唐肃宗存有二心。这下触到了唐肃宗的痛点。贺兰进明把醋做酸了，所以，唐肃宗铁了心要免房琯之相。

那贺兰进明进谗这件事，杜甫知道吗？杜甫这个时候还没有当上左拾遗，一直远离政治中心，加上拾遗上任的时间又非常短，所以他对相关细节并不知情。

那"三司推问"这一大案的开庭，最终是怎么"休庭"的呢？

03

房琯被罢相，接替房琯的继任宰相是张镐。张镐，史

---

[1] 公元756年十月，贺兰进明向肃宗谗毁房琯。公元758年六月初十，肃宗贬房
为太子少师。

书评价非常高，说他淡泊名利，居身清廉，谦恭下士，多识大体。当杜甫这次惹了大祸，可以大到杀身之祸，张镐无法沉默了，他从中斡旋，全力营救。张镐义正词严地说，如果这次杀了杜甫，杜甫因言获罪，恐怕朝堂再也无人进谏。原文是："甫若抵罪，绝言者路。"[1]皇帝这才不再追究。杜甫逃过一劫，免遭刑戮。

那说来说去，房琯被罢相，实质是啥？归根结底，缘于肃宗集团与玄宗集团二者之间不可调和的矛盾。房琯属于玄宗的老臣，解除房琯的相权就是瓦解房琯一党的势力。房琯的罪名可以有、可以无，杜甫的上疏无论对与错，房琯被罢相是早晚的事儿。

在这场政治洗牌中，杜甫身为微末小臣，因为疏救房琯而陷入政治漩涡，已经透露出高压态势下朝野风向的转换。疏救房琯，杜甫的命虽然保住了，但这并不是结尾，才刚刚开个头。两京收复之后，唐肃宗跟进一系列的大动作，和房琯有关的很多人先后被贬，[2]他们都成了唐玄宗、唐肃宗争夺权利的牺牲品。

那大家是不是都想问个究竟，此时朝廷内部，关系如此微妙，置身其中，岂止"战战兢兢，如履薄冰"，简直

---

[1] 出自《新唐书·杜甫传》。

[2] 从至德二载（757年）五月的罢相，到次年（758年）六月诸人外贬，房琯事件经过了一个发酵变化的过程。

身在一个巨大的冰窟窿中。杜甫为啥要冒险进谏，甚至冒死进谏呢？杜甫的诗与文或许能够部分提供我们想要的答案。

【编者语】

　　人的一生有很多事情是无法选择的，比如天赋、出身；但也有很多事情是可以选择的，而往往正是一些关键的选择，能帮助我们认识一个人的真实面目：他是高尚的还是堕落的，勇敢的还是怯懦的，真诚的还是虚伪的。或许，杜甫在疏救房琯之前明白这一选择的后果——他好不容易得到的恩宠或许将会随之灰飞烟灭。但他在这个危急且混乱的时刻所做出的选择，更让我们能够看出杜甫内心世界里最在乎的事情。那么，在疏救房琯的前后，杜甫到底经历了怎样跌宕起伏的心路历程呢？

　　疏救房琯这件事，可以说，杜甫终其一生，耿耿于怀，他在不同时期写了不同诗作，向我们展示了他的心路历程。我设置了三问，也就是三个"有没有"。

　　第一问，疏救房琯后，杜甫和房琯的感情有没有变？

公元 763 年，房琯卒于阆[1]州。杜甫经过阆州，特意来到坟前，向亡友致哀："他乡复行役，驻马别孤坟。近泪无干土，低空有断云。对棋陪谢傅，把剑觅徐君。唯见林花落，莺啼送客闻"。[2]杜甫用了两个典故：第一，"对棋陪谢傅"，这是谢安的典故。《旧唐书》所写的房琯，政绩不错，口碑也不错，死后被追封为太尉。在杜甫心中，镇定自若、儒雅风流的谢安，房琯可有一比。

第二，"把剑觅徐君"，这是季札的典故。季札有一次出使，路过北方的徐国。徐国国君十分喜欢季札的剑佩，虽然没说出来，但季札看出来了，因为还要继续赶路，所以没有送他。后来季札再回徐国，徐国国君已经离世了，季札解下宝剑，挂在徐君墓前的大树上。[3]杜甫把自己比作季札，表示对房琯终生不忘。从中我们可以看出，疏救房琯，改变的是杜甫的人生轨迹，没变的是二人真挚的感情，一往情深。

第二问，疏救房琯后，杜甫有没有后悔？

杜甫寓居成都草堂的时候，倍感有爱国之心，无报国之力。

---

[1] 阆，读（láng 四声）。
[2] 见唐代杜甫《别房太尉墓》。
[3] 出自《史记》。

杨昇《秋山红树图轴》

他在诗中说："牵裾恨不死，漏网辱殊恩。永负汉庭哭，遥怜湘水魂。"[1]这里又涉及两个历史人物。汉庭哭，指汉代的贾谊。贾谊哭的是啥呢？贾谊曾经上书说："可为痛哭者一，可为流涕者二，可为长太息者六。"[2]以此来表达忧国伤时的心情。湘水魂，指战国的屈原。屈原，不用说，多说一句都显啰嗦。那贾谊也好，屈原也罢，杜甫想表白啥呢？杜甫大意是说，自己曾经拉住皇帝的衣襟激烈上书，疏救房琯，遗憾的是没能以死相谏，最终没有受到严惩而苟全性命，但是觉得自己永远背弃了像贾谊那样为朝政而哭的忠心，遥想屈原，更敬他湘水自沉的灵魂。"牵裾恨不死"，"遥怜湘水魂"。

因此，有人是这么评价的：人亦有一时感激，事过辄悔者。公以不死为恨，真谏臣也。[3]尽管"三司推问"是杜甫生平最不堪回首的一个瞬间。只要回首，似乎就痛彻肺腑，脊背发凉。但是疏救房琯，杜甫后悔了吗？没后悔。杜甫怕死吗？更不怕死，甚至以不死为恨。杜甫在写给房琯的祭文里有同样类似的表达："见时危急,敢爱生死！"[4]

我们查阅史料发现，不唯独杜甫，唐代谏官是一个极

[1] 见唐代杜甫《建都十二韵》。作于成都草堂时期。

[2] 出自《汉书·贾谊列传》。

[3] 出自《杜诗详注》，申涵光语。

[4] 见唐代杜甫《祭故相国清河房公文》。

负责任的谏议群体。不是说"文死谏，武死战"吗？文官为了匡正朝政失误，犯颜至死，亦所不惜；武官为了保卫江山社稷，战死沙场，在所不辞。诤谏精神，已经成为谏官人格结构的一部分，并内化为一种深层的道德原则。

第三问，疏救房琯后，杜甫上书的动机最终有没有说出来？

"上感九庙焚，下悯万民疮。斯时伏青蒲，廷诤守御床"[1]。杜甫说，在上感伤九庙被焚毁，于下哀怜万民遭创伤。所以，他跪伏在朝廷之上，向皇上苦苦进谏。"上感九庙焚，下悯万民疮"。这两句诗真的太有重量感，简直一字千金、两字一吨。那疏救房琯仅仅关乎房琯自身的荣辱沉浮吗？杜甫是把房琯的罢相同苍生疾苦、国家存亡联系在一起的。

某些人通常会站在另外的视角去点评杜甫，质疑杜甫，为啥要"踩雷"，可是，当我们回到他的内心，是否又被感动到呢？杜甫只知道扛着使命向前走，擅长猜中皇帝心思的人不是杜甫，是李林甫。

平心而论，我们不能否认，杜甫和李白一样，他俩和官场都是不兼容的。他们的创作优势放到官场恰恰成了劣势。因为政治逻辑和他们的理想逻辑全然不同。

---

[1] 见唐代杜甫《壮游》。

04

接下来，我想和大伙儿聊聊杜甫的性格。

提到杜甫的性格，人所共知的一点是醇厚温良，还有人所不知的一个侧面：侠义刚烈。关于侠义，历史上早就有人指出来了，而且把杜甫称作"千古大侠"："子美千古大侠，司马迁之后一人。子长为救李陵，而下腐刑；子美为救房琯，几陷不测。"[1] 这段文字把杜甫和司马迁链接到了一起，他俩大侠的人设是咋设置成功的呢？前有司马迁救李陵，后有杜甫救房琯，所以，二人都可以贴上侠义的标签。

要问杜甫的侠义精神是从哪来的？如果从家族传统来说，我只能说基因真的太强大了。之前咱们讲过杜甫的祖父杜审言，杜甫的十三世祖杜预，一个文才，一个武略，是谁填上了"侠义"这个空呢，杜甫的六世祖杜叔毗。

杜叔毗打小就是孤儿，但是他的孝顺远近闻名，同时他也是读书的好料子，最突出的是"性慷慨有志节"。据史料记载，杜叔毗上演过血亲复仇的一幕，堪称"匹夫一

---

[1] 出自卢世㴆《杜诗胥钞·大凡》。司马迁字子长。这个读音有争议，也有人认为读长（zhang 三声）。读长（chang 二声），有善、优点的意思。读长（zhang 三声），有增长意。

怒，血溅五步"。起因是啥呢？杜叔毗的哥哥，杜叔毗的侄子，由于这爷俩太过优秀，招致某些小人的"红眼病"，后来被人诬陷致死。杜叔毗要为哥哥和侄子讨个公道，于是，他向朝廷申冤，但是他的合理请求被无视、被驳回。当朝廷不能给杜叔毗做主，杜叔毗只能自己做主了。

后来，这个仇人在长安闹市闲逛，杜叔毗将其手刃于京城，然后投案自首，但是朝廷怎么样呢？朝廷"嘉其志气，特命赦之"[1]。而且还认命杜叔毗担任辅国将军等等。杜叔毗直到生命的终点都仍然保持了最后的硬气，兵败被擒，宁死不屈。那杜叔毗如此侠烈的血液是否在杜甫身上继续流淌呢？杜甫说他年轻那阵"性豪业嗜酒，嫉恶怀刚肠"[2]。疾恶如仇，刚正不阿，性子比较直，酒量好像也不小。

在这次疏救房琯过后，有一回，杜甫从长安城南的潏[3]水边经过，他听樵夫讲了一个故事，这个故事，我给取的名字叫《义鹘复仇记》。说的是，有两只鹰在柏树上，筑了一个爱巢，巢里是他们的孩子。可是有只白蛇，趁鹰爸爸外出觅食的时机，侵入鹰巢，把鹰雏当作了自己的盘中餐。鹰妈妈眼睁睁看着，无力解救。鹰爸爸非常及时，

---

[1] 见《北史·列传·卷七十三》，《周书卷·四十六·杜叔毗传》。宇文泰。

[2] 见唐代杜甫《壮游》。

[3] 潏，读（yù 四声）。

赶回了家。但是，它没有贸然投入战斗，而是选择"求助"，它翻身飞入长空，领来一只比自己还厉害的猛禽——鹘。再看这只鹘，从高空来个猛扑的姿势，呼啸着翻转而下，用他锋利的"老拳"，狠狠打碎了白蛇的脑袋。白蛇被击中了，从树梢坠了下来，脑裂、肠穿、尾折，一命呜呼。

杜甫听完热血沸腾，肃然起敬，只感觉一头白发根根直立，上冲儒冠。于是写了一首诗，他把这只勇猛侠义的鹘称作"义鹘"。

在诗中，杜甫对白蛇给予严厉的鞭挞，指责其不义的行为和可耻的下场终将遗臭"千年"。对这只见义勇为的鹘则不吝溢美之词。报仇雪恨，何其快意。按照杜甫的意思，假如也能给这只鹘送面锦旗的话，旗上应该写的是：解救雏鹰，毅然前来，不避艰险几许；击毙毒蛇，飘然远去，无论回报几何。"人生许与分，只在顾盼间。聊为《义鹘行》，用激壮士肝。"[1] 人与人之间，仗义相助，只在顾盼一瞬之间。急人之难，不讲条件，没有瞻前顾后；事成之后，不讲得失，没有称斤掂两。所以，姑且写一首《义鹘行》传颂义鹘的精神，鸟类尚且有义鹘，人类不更应该有义士吗！很显然，这是一首寓言诗。有诗评家说："读

---

[1] 见唐代杜甫《义鹘行》。

此而无动于衷者，全无心肝人也。"[1] 从中不难看出，杜甫推崇侠义，他的侠义追求一直都在。

从杜甫这辈子来讲，疏救房琯这一年是杜甫人生的黑色之年。因为疏救房琯，杜甫此后不容于朝廷。又过了两个月左右，皇帝突然下了一道诏令，给杜甫放假了，啥假呢？乍一听还挺好：探亲假。事实上，这个暖心的探亲假里面隐含一种冷暴力。至于这个冷暴力什么时候会变成热处理，我们暂且不论。

那杜甫要探家了，家在哪？还记得杜甫写的《月夜》吗？"今夜鄜州月，闺中只独看"，从那时起，杜甫一直没有回家，杨氏不知又望了多少回月亮。鄜州，这是一个很大的地理坐标，具体来说，杜甫的家人住在一个遥远的小山村，名字叫羌村。据说，杜甫进了羌村还遭到了邻居的围观；据说，杜甫还给老婆买了化妆品；据说，杜甫和几个村民还喝了一顿大酒，本地的粮食酒，这些据说，到底都是不是"据说"呢？

[1] 诗评家为浦起龙。

叁 ——

羌村纪实

羌村因为杜甫而在中国文化史上留下了浓郁的诗意风采，这里到底有哪些和杜甫相关的动人故事？

【文前按语】

在公元 757 年农历闰八月，因上疏为房琯求情而触怒皇帝的杜甫奉旨还家，踏上了与家人的相聚之路。这是乱世纷争中的一场相聚，也是杜甫官场失意后的一场相聚。对国家命运的忧思和个人前途的茫然，在杜甫跋山涉水近千里的归途上，渐渐被久别还家情更怯的重逢期盼所稀释，在对妻儿越来越浓的惦念之情中，所有的不甘与愤恨都会化于无形。在杜甫的《羌村三首》里，他用白描的手法、朴素的语言记录了这场难得、宝贵的一段时光。这场相聚并不惊天动地，但这组《羌村三首》于平实的语言中所迸发的至真柔情、闪耀的温润品格却充满了感天动地的力量。那么，杜甫在诗作中到底向我们呈现了一段怎样温馨的羌村生活？我们从这位"诗圣"对亲情的眷恋中又能收获哪些温暖与感动呢？

01

如果有一道问答题的题干是：在唐朝，著名的村子是哪两个？备注有个提示语：和杜甫有关。我猜大家一秒钟就会想到石壕村，没错。不过呢，除了石壕村，还有个村子——羌村。从某种程度上来讲，羌村的文化重量丝毫不逊于石壕村。为啥呢？因为杜甫在石壕村只住过一个晚上，雪泥鸿爪，匆匆过客。羌村呢，杜甫一家在这儿生活了一年多。

公元 757 年闰八月，杜甫回到羌村探家。探家的故事实在太多，连缀起来就像一部超写实纪录片，非常具有电影感。我呢，剪出三个片花。

场景一：我的羌村，我的她

杜甫诗中说，他到家已是傍晚时分，天边一大片火烧云，空中仿佛涂满了油画般的色彩。落日余晖，荒村古树，一切既那么陌生又那么熟悉。老杜的家肯定不是什么豪宅，诗人推开柴门，门口的安静瞬间被打破了，鸟雀叽叽喳喳地叫了起来。屋里人一听，杨夫人和孩子出来了。可是，他们一看是杜甫，一家人全体愣在了现场。"妻孥怪我在"[1]，如果按照影视剧的脚本，女一号要端个大碗之

---

[1] 见唐代杜甫《羌村三首》其一。

类的东西，然后"哗啦"一声掉下来，接着跟进一束追光，给满地碎片一个特写。可是，现实比电影还要真实，还要好看。杨氏再仔细看看，"空降"的真是老杜啊，妻子心头一酸，无语泪先流，"惊定还拭泪"。

大家想，假如这个剧情换成杨氏跑到杜甫跟前，一个大大的拥抱加大大的吻，她是谁，她也不是杜甫的老婆。作家毕飞宇说，诗歌的计量单位是"字"，太对了。这一"怪"字、一"惊"字，境界全出。为啥又"怪"又"惊"，这是安史之乱的第三年呐，狼烟遍地，人命如蚁，老杜真是写尽乱世重逢的荒诞感。杜甫多长时间没回来了？一年多了，他写过"今夜鄜州月，闺中只独看"和"烽火连三月，家书抵万金"，老杜轻轻地来，可把家人重重地吓了一跳。久无音讯的杜甫骤然而归，这是多大的心理冲击啊。要知道，活着已经构成偶然事件，死了才是必然的。所以，杨夫人的震惊可想而知。

不管怎么样，杜甫全身归来。劫后余生，夫妻相见，自有一番别样的欢喜。杜甫诗里说"夜阑更秉烛，相对如梦寐"[1]。夜深了，杜甫和杨夫人秉烛相对，久别的夫妻

---

[1] 见唐代杜甫《羌村三首》其一："峥嵘赤云西，日脚下平地。柴门鸟雀噪，归客千里至。妻孥怪我在，惊定还拭泪。世乱遭飘荡，生还偶然遂。邻人满墙头，感叹亦歔欷。夜阑更秉烛，相对如梦寐。"

终于又坐在了一起。年轻那会儿，我读杜甫这两句诗总是感觉不到位，后来看了《铁齿铜牙纪晓岚》，里面有个对白，皇上问："什么是真正的爱情？"别人说啥，皇上都摇头。纪晓岚唱起一个小调："高山上盖庙还嫌低，面对面坐着还想你。"皇上点头了。纪晓岚唱的这首陕北信天游一下子让我读懂了杜甫。要说杜甫这次归家实在是一段疲惫的旅程，可是"夜阑更秉烛，相对如梦寐"，夜阑人静，他们纷乱的思绪久久难平，他们在烛光里怔怔地看着对方，这就是"面对面坐着还想你"呀，他们都舍不得睡下，也舍不得熄掉蜡烛，他们只怕烛光灭了，一觉醒来，一切成了一场梦境。这个心理写真，他人无法复刻。有一种爱情，叫沈复与陈芸；有一种爱情，叫陆游与唐婉；有一种爱情，叫苏轼与王弗；有一种爱情，叫杨氏与杜甫。难怪有人开玩笑说，如果李白、杜甫二选一，他愿意给杜甫当老丈人（岳父），把女儿交给李白，总觉得不靠谱，让女儿跟杜甫走，一百个放心。

"夜阑更秉烛，相对如梦寐"，唐朝人很喜欢写烛光，白居易说"何时红烛下，相对一陶然？"[1] 崔涂说"乱山残雪夜，孤烛异乡人"，杜牧说"蜡烛有心还惜别，替人垂泪到天明"，李商隐说"何当共剪西窗烛，却话巴山夜

[1] 见唐代白居易《奉酬淮南牛相公思黯见寄二十四韵》。

韩干《牧马图》 ∨∨∨

雨时"[1]。中国美学在色彩上偏爱红色，烛影摇红，恰恰在中国人的审美点上。烛光朦胧、柔和、跳跃、温馨，大抵象征着思念、团圆。杨氏看着烛光里的老杜，满身风尘，一头华发，这一刻多么幸福，多么奢侈，又多么感伤！我猜不出他们到底说了什么，只觉得，千言万语，他们都恨不能一夜道尽。

不知大家想过没有，杜甫当年很愁，因为他没啥可吃，我们今天也很愁，因为我们不知道吃啥。可是，原本有滋有味的日子让某些没血没肉之人过了一个不咸不淡。所以，我不想问，杨氏是不是绝世容颜，我也不想问杜甫是不是有顶级才华，我只想说，因为一份真爱，他们把苦瓜吃出了羊角蜜的味道。

"夜阑更秉烛，相对如梦寐"，杜甫写出了乱世重逢难以置信的奇幻感和唯恐是梦的恍惚感。"我见众生皆草木，唯有见你是青山""白头并非雪可替，相识已是上上签""许一人之偏爱，尽余生之慷慨"，当下这些与爱情有关的句子，听起来也不错，但生命感是不是弱了几分呢？真正的好诗，它是有生命的，因为它携带了一种生生不息的感动能力，进而能在千年百年后依然触动读者的心弦，实现"隔空喊话"。杜甫的诗为后世开启了无数法门。后

---

[1] 见唐代李商隐《夜雨寄北》。

来的诗人词人，无论写哪一种重逢，似乎都从杜甫的诗中汲取了养料。比如说，"乍见翻疑梦，相悲各问年"[1]。又比如说，"还作江南会，翻疑梦里逢"[2]。再比如说，"从别后，忆相逢，几回魂梦与君同，今宵剩把银釭照，犹恐相逢是梦中"[3]。

【编者语】

我们印象中的杜甫有着这样的文学标签——"忧国忧民""沉郁顿挫"。杜甫大概也不会想到自己在后世会被冠以"诗圣"之名。人们赞叹他的诗文才华，更崇敬他鞭挞世间不公的勇气和时刻不曾放下的悲悯。但有一点常常会被人忽略，那就是一个被尊崇为"圣"的人也有着寻常人家的生活。当我们真正走近杜甫的家庭生活时，便会更加理解这位诗人成"圣"的情感起源——那就是对家的眷恋。那么，从杜甫的羌村生活中，我们能体会到他对妻儿的哪些似水柔情与无限依恋呢？

[1] 见唐代司空曙《云阳馆与韩绅宿别》。
[2] 见唐代戴叔伦《客夜与故人偶集 / 江乡故人偶集客舍》。
[3] 见宋代晏几道《鹧鸪天·彩袖殷勤捧玉钟》。

02

场景二：你们是我甜蜜的负担

要说杜甫这次探家还真的不容易。不说别的，杜甫作为左拾遗，连匹马都没有。说到这里，可能很多人无法理解，一匹马有那么难吗？在大唐，别说马，谁不知道马球游戏风靡一时，好几任皇帝，玩得好的是"球星"，玩得差的也是个"球迷"。没错，大唐原本综合国力无比强大，强在政治，强在经济，强在军事，强在外交，强在人才，强在文化，任凭 360 度无死角观看，看哪哪强大。而且，大唐帝国重视"马政"，成功引入当时世界上的顶级马源，一度成为养马业的强国。唐朝军队不仅有多支王牌骑兵部队，而且有着极为充沛的军马供应。

值得注意的是，马的数量与质量几乎和唐帝国的兴衰同步。到了杜甫探家这个时候，无论公家私家，马匹均已被征收殆尽，很多高官都不再裘马轻肥，[1] 杜甫上下班"通勤"则很多时候步行上朝，步行退朝。这次杜甫回羌村，黄土高原一带沟壑纵横。这徒步也太难了吧？杜甫这匹马从哪来的呢？[2] 借的，借给杜甫马的人相当有名，是"特

[1] 出自《旧唐书·肃宗纪》：至德二载，二月，上议大举收复两京。
[2] 见唐代杜甫《徒步归行》。

进将军"李嗣业。

那老杜总算回来了，这次杜甫途中受了风寒，毕竟是深秋时分，加上日夜兼程，所以又吐又泻，在家躺了几天。杜甫不是写过"遥怜小儿女，未解忆长安"吗？杜甫那些小儿小女，现在都是啥状态呀？

在《北征》这首长诗当中，杜甫给咱们描写了一些相关的细节。小孩儿对爸爸有着本能的亲密，但是长时间没见面，所以生出很多陌生感。杜甫最疼爱的小儿子，小脸挺白，浑身挺脏，光着小脚丫，连双袜子都没有。看见爸爸，转过头就哭了，"平生所娇儿，颜色白胜雪。见耶背面啼，垢腻脚不袜。"[1] 两个小女孩呢，才长不高，在床边站着，裤子上补丁摞着补丁。最开始，几个孩子都有点怕杜甫，没过几天，跟他爸就混熟了，他们天天围着杜甫，[2] 你说东，他说西，你问这个，他问那个，反正叽叽喳喳一天天不闲着，这孩子多，也不排除哪一个，趴到杜甫耳边说点啥悄悄话啊，或者谁告谁点"黑状"啊，有时候，他们还争着抢着拽爸爸的胡子，但杜甫一点都不觉得孩子烦人，更不生气，为啥呢？

---

[1] 见唐代杜甫《北征》。

[2] 见唐代杜甫《羌村》："娇儿不离膝，畏我复却去。"

唐代壁画《客使图》

下面就解释了："翻思在贼愁，甘受杂乱聒。"[1]杜甫的意思是说，自己当时被困长安的时候非常忧愁，非常想这几个孩子。现在他们真的出现在眼前了，似乎所有的苦都忘掉了。哪怕他们吵成一片、闹成一团，我都心甘情愿，我不忍心打他们、骂他们、呵斥他们。"翻思在贼愁"，杜甫想啥时候国家能把贼给灭了，把叛乱给平了，这才是他心里最惦记的事。

咱们看看，这是一个怎样的杜甫啊？一个知识分子，没权利、没地位、没银子，但是他有良心，他爱他的国家，也爱他的小家。现在家里啥样呢？"经年至茅屋，妻子衣百结"。[2]家里住的是茅草屋，自己面如老叟，妻子衣衫破旧。尽管贫寒，这却是他们彼此最温暖的所在。真正的夫妻既可以共富贵，也可以共患难。杨氏能读懂杜甫，半生风雨，半生匆忙，杜甫能读懂杨氏，几多孤苦，几多坚强。

说出来大家可能不信，老杜这次回来还给老婆买了化妆品。女人在脂粉面前是没有抵抗力的，杨氏化完妆，杜甫看着"瘦妻"变漂亮了，小女孩也跟她妈妈学，拿着梳子在头上乱梳一通，化妆品满脸抹了个乱七八糟，把眉毛

---

[1] 见唐代杜甫《北征》。

[2] 见唐代杜甫《北征》。

画得非常宽，阔眉的形状。[1]

一说到"诗圣"杜甫，是不是总给我们一种距离感、严肃感，尤其一个"圣"字让人不敢平视。其实，在所有唐朝诗人当中，杜甫的诗最接地气、最有人情味、最富人情美。难怪鲁迅说，"杜甫似乎不是古人，就好像今天还活在我们堆里似的。"杜甫对儒家"仁爱"思想的实践不仅体现在匡时济世的社会政治层面，也体现在骨肉至亲的家庭伦理层面。杜甫的爱，没有伪饰，没有虚矫，没有浮夸。他对妻子、儿女的爱，是其仁爱之心的逻辑起点。

杜甫长安求官，主要活动在上层，但是经历安史之乱的苦难磨炼，杜甫的思想和诗歌发生了质的飞跃，他的眼睛开始向下看。杜甫是大地之子，吟唱的是大地之歌。杜甫既是在写自己，也是在写大家。对于一个时代的透视，一个时代的回忆，不就是从一个个小家看出来的吗？其实，在那个乱世，不仅杜甫一家不能笑对日出日落，所有羌村的人都不能闲看云卷云舒。

接下来，咱们给羌村的村民一个镜头。

---

[1] 见唐代杜甫《北征》："平生所娇儿，颜色白胜雪。见耶背面啼，垢腻脚不袜。床前两小女，补绽才过膝。"

【编者语】

　　回到羌村的杜甫，心中百感交集。这里有他至亲的家人，还有纯朴的乡亲，他们都是大唐王朝的黎民百姓，他们的生活苦乐与国家兴衰紧紧相连。听闻杜甫归来，邻里乡亲们赶来了，可是这场温情浓浓的相聚却令杜甫的心底再次翻涌起痛心的思绪。那么，杜甫从羌村百姓的诉说中了解到了什么？他的愧疚体现了怎样一种"大悲悯"的品格呢？

03

场景三：中国好邻居

　　说起来，对于羌村，杜甫是感恩的。安史之乱爆发了，羌村成了杜甫一家的避难所。陕北人接纳了他们，杜甫一家躲过了胡人的刀兵。这次，杜甫是绕了好大一个弯才重新回到羌村的。为啥说好大一个弯呢？杜甫在羌村落脚之后，他接着去投奔唐肃宗，结果被抓到长安，杜甫又逃出长安，第二次又去投奔唐肃宗，这回挺好，有多好呢？我感觉就像杜甫挨了生活九十九个巴掌，这回终于得到一颗甜枣。在凤翔，杜甫被授予左拾遗，这次杜甫就是从凤翔回来的。

不用说，杜甫进村，这是小村子里的大事儿。"邻人满墙头，感叹亦歔欷"。以前，农村的墙不高，这左邻右舍在墙头上一大片，他们光是看热闹吗？在那个哀鸿遍野的年代，乡邻们情不自禁地感叹着。大家想，正值大乱，每一个城市、每一个县城、每一个村庄、每一个家庭都在默默承受伤亡，谁不在期待家人平安归来。现在，杜甫千里还家，在他们的歔欷声里恐怕也含有他们自家的心酸吧。

我想说，杜甫大半生流离，他不仅在羌村，后来在其他地方也和邻里都处得非常好。杜甫和村民的关系也是咱们探索杜甫精神世界的一个不容忽略的窗口。杜甫不仅在心灵深处为家人、为友人留下一个席位，他对邻人也是满满的善意。在杜甫的诗里，写过"邻翁""邻叟""邻舍""邻家""邻好""南邻""北邻""四邻""比邻"等等。

以前的民风真淳朴啊，那些面朝黄土背朝天的农民，尽管只是活着就已耗尽他们的全部力气，但是他们待人火辣辣的真诚，他们能把家里最好的东西拿出来给你。

父老四五人，问我久远行。

手中各有携，倾榼[1]浊复清。

莫辞酒味薄，黍地无人耕。

兵革既未息，儿童尽东征。

请为父老歌，艰难愧深情。

歌罢仰天叹，四座泪纵横。[2]

　　不难想象，当时物资极度匮乏，但是四五个父老都没空手，他们把家里不多的酒带来了。杜甫和他们一块喝酒，一块聊天，"大家诚诚恳恳，说一句是一句"。不过，杜甫这个时候可是左拾遗啊，虽然官阶八品，毕竟杜甫在皇帝身边待过，而且和杜甫打过交道的牛人，随便拎出一个，那名气都震得大地"哐哐"直响。但是大家看，杜甫装吗？一点都不装，不摆架子，更不耍大牌，此时官不以为官，民不以为民，大家你一杯我一杯，开诚相见，平等相待。这几位年迈的父老乡亲们一再解释，说千万别嫌弃酒不好，家里的孩子们全都打仗去了，地也没人种，粮食没打多少，酒也酿得不好。

　　在诚实的乡亲面前，杜甫既万分感动又悲不自胜，"请

[1] 榼，读（ke一声）。

[2] 见唐代杜甫《羌村三首》其三。

为父老歌，艰难愧深情"，杜甫为表谢意，敬酒高歌。但是"艰难愧深情"，杜甫又为啥很"惭愧"呢？咱们都知道，杜甫的政治理想不是"窃比稷与契"吗，不是"致君尧舜上"吗，自己要成为稷与契那么好的贤臣，皇帝要成为尧舜那么好的皇帝，百姓不饥不寒，安居乐业；可是，杜甫现在回到朝廷还做了拾遗这样的谏官，理想果真只是个理想。面对水深火热的村民，杜甫没有一丝一毫居高临下的优越感。他反倒觉得，自己不能为他们造福，不能为他们排忧，不能为他们出力，顿生惭愧。我想说，杜甫这一"愧"实在太伟大了。人世间只有被关注的苦难才不会成为彻底的苦难。儒家思想的精髓是什么？是仁爱，是在明明德，在亲民，在止于至善。杜甫以他的实际行动践行着仁爱精神，这是什么王权富贵和什么戒律清规都无法遮挡的人性光辉，穿透时代的缝隙，照到羌村每个人的身上。

杜甫的沉痛悲歌让所有在座的人大受感染，"歌罢仰天叹，四座泪纵横"。此刻，听者与歌者，所悲同悲，所感同感，诗人潜藏的情感暗流已如破堤之水奔涌而出，凄怆之情推向了制高点。

羌村真是能撞伤灵魂的地方。羌村的酒，酒味太淡，酒味太浓。羌村的酒，酒能醉人，酒能自醉。羌村的酒，是酒，非酒，杜甫和羌村父老的酒杯里盛满了"纵横"之泪。每一次翻阅杜甫的诗，每一次都令我眼眶发热，鼻子泛酸。都说任何不曾起舞的日子都是对生命的辜负。可是羌村的父老乡亲们舞不起来，杜甫也舞不起来。看到别人的痛，这是悲悯；把众生的痛当作自己的痛，这是大悲悯。杜甫为啥会有这样的大悲悯？归根结底，儒家思想，这是中国文化的主干。对于杜甫而言，这是他的信仰之根，具有创作实践和人生实践的双重意义，杜甫这辈子和儒家走得最近。而儒家思想离不开具有同理心的社会体系。所以，杜甫始终忘不掉的是：爱国、忠君、念妻、怜子、忧民、思亲、益友、睦邻。纵使杜甫遭到那么多生活的"毒打"，可是杜甫一直在用力生活、用力爱。因为爱，所以爱。如果爱，就深爱。

　　我思考过，一千多年的大浪淘沙，在仕途上处处碰壁的杜甫为啥能成为文学天空的一颗恒星。这个密码到底是啥？华人学者洪业，一辈子出版唯一的著作是写杜甫的。书名是《杜甫：中国最伟大的诗人》，以一个"最"字笼盖全书，书中又说："绝大多数中国史学家、哲学家和诗人，都把杜甫置于荣耀的最高殿堂，这是因为对他们来说，当诗人杜甫追求诗艺最广阔的多样性和最深层的真实性之际，杜甫个人则代表了最广大的同情和最高的伦理准则。"[1]

[1] 出自洪业《杜甫：中国最伟大的诗人》。

又是连续好几个"最"。

王国维的评价更是一语中的，他说："三代以下之诗人，无过于屈子、渊明、子美、子瞻者。此四子者若无文学之天才，其人格亦自足千古。"[1] 对，杜甫之所以成功"破圈"，离不开人格。

那这次羌村探家，杜甫还有啥事让他无法"全程"开心呢？

04

据史料记载，杜甫一家在羌村住了一年零四个月，杜甫写了好几首和羌村有关的诗。从此，羌村的名字便镶嵌在唐诗的大园地里，羌村成了一个诗意的村庄。

这次羌村探家，我们为啥读出了杜甫的不开心？要说这次探家，杜甫是专程探家，或者说奉旨探家。杜甫不是疏救房琯了吗，所以皇帝接着给杜甫放了个假，说的明确点，这叫"墨制放还"，墨制，相当于"墨敕"，就是皇帝亲笔书写，不用外廷盖印。所以，这个假有点不祥的预兆。而且，这不是个常规假期，是个超长假期，前前后后90多天。

---

[1] 出自王国维《文学小言》。

这是啥时候的事儿呢？杜甫担任左拾遗刚刚两个多月，新鲜劲儿还没过去呢。可是，杜甫和妻儿老小已经分别了太久，按说杜甫这次探家应该脚底生风、归心似箭才对呀。

因为这次放假的特殊性，杜甫出发的时候就很不开心。"挥涕恋行在，道途犹恍惚。乾坤含疮痍，忧虞何时毕"。[1]杜甫眼含热泪离开皇帝的行在，恋恋不舍。踏上征途，又恍恍惚惚。大家看，"道途犹恍惚"，诗人是不是既魂不守舍又心乱如麻，感慨万端又怅然若失？为啥呢？"乾坤含疮痍"，这可不是岁月静好的太平日子，不是花团锦簇的盛世王朝，此时山河破碎，满目疮痍。杜甫说，"忧虞何时毕"，我的忧虑，我的焦虑，我的担心，我的揪心，什么时候才是个头呢？由此可见，杜甫这次回家，他不是不愿回家，而是国家在杜甫心中的分量更重，诗人带着一种无法平静的心情，注定这是一次无法平静的探家。

杜甫到家了，还是不开心。久别归家，按说，家人团聚，应该待不够，应该待不腻。当一阵凉风吹来，"萧萧北风劲，抚事煎百虑"。[2]这说明啥？杜甫身虽到家，但是忧国之思未尝一日断绝。诗人没有耽溺于天伦之乐，没过几天，诗人的报国热情重新高涨，他的内心变得极度焦灼。

---

[1] 见唐代杜甫《北征》。

[2] 见唐代杜甫《羌村》："晚岁迫偷生，还家少欢趣"；"萧萧北风劲，抚事煎百虑"。

羌村省亲的这段时期，既是杜甫生平极为迷茫的时期，也是诗人情感体验更加丰富的时期。杜甫的生命能量越来越多地辐射到平常人的喜怒哀乐中。这份情，再也没有卸载；这份爱，再也没有失联。站在这样的认知点上，我总是想拼命地去还原真实的杜甫，46岁的老杜，是左拾遗、是归来客、是行路人、是观察者、是好父亲。但是无论我怎么还原，都感觉不及"诗圣"之万一。

从杜甫这辈子来讲，羌村探家，这是杜甫奉先探家之后的又一次探家。虽然石壕村和羌村，一个路过，一个住过，但是因为"诗圣"来过，那里有诗圣的脚印、诗圣的呼吸、诗圣的情怀，所以，它们都成了诗歌史上的"圣地"。羌村，有诗，有酒，也有爱。杜甫的诗，恰似泥淖开出的莲花，饱满生动。羌村的酒，即使隔了一千多年，仍能闻到酒中的香气；羌村的爱，注定惊艳过去，也映照未来，仿佛杜甫从未离开。

可是，杜甫离开了。因为这个时候传来一个巨大的好消息，这个好消息到底多么巨大呢？

肆
————

早朝唱和

在此次唱和之前，杜甫对苦难现实
的感受皆有呈现，为何此次却选择
「遗忘」？这首诗的背后又隐藏着
诗人怎样的创作心路呢？

· 73 ·

【文前按语】

　　《奉和贾至舍人早朝大明宫》是杜甫在公元 758 年，担任左拾遗时，所写的一首唱和诗。时为唐肃宗宠臣、中书舍人的贾至，在一次朝会后，兴起，挥笔写下了一首"朝省诗"，杜甫与王维、岑参都有唱和，然而令人费解的是，这次"早朝唱和"发生在安史之乱后，虽长安城阙依旧，但已失去往日辉煌。在这四首诗里，我们却看不见任何苦难，只看见大明宫内千官朝拜，春满皇州之盛景。为什么在唐朝元气尚未恢复时，诗人笔下会出现如此热烈的颂歌？具体到个人，在此次唱和之前，杜甫对苦难现实的感受皆有呈现，为何此次却选择"遗忘"？这首诗的背后又隐藏着诗人怎样的创作心路呢？

01

公元 758 年的春天，杜甫参加了一场小型的"诗歌创作大赛"，这次大赛，我把它简称为"早朝唱和"。杜甫当时是啥身份呢？杜甫还在当他的左拾遗。尽管左拾遗官阶八品，但杜甫心理的骄傲能打 100 分。你看杜甫是给谁建言献策啊？唐肃宗，整个大唐的"一把手"。再看杜甫的"同事"都有谁啊？王维，大家熟悉吧？岑参，大家也熟悉吧？贾至？大家有点不熟悉啦。本次活动的策划者、发起人就是贾至。

有一天，贾至退朝写了一首诗，诗的题目叫《早朝大明宫呈两省僚友》，啥意思呢？在中国古代，大臣见君主叫朝，君主见大臣叫会，合称朝会。朝会都在早晨进行，所以称作早朝。像贾至这类写早朝的诗通常被叫作"朝省诗"。[1] 贾至这首朝省诗，沿着上朝前——上朝中——退朝后这个时间线，步步写来，主打一个宫廷风，非常吻合朝省诗的颂圣主旨。

贾至可不是单单开了个头，关键贾至诗题怎么说的？"呈两省僚友"，他是送给中书省、门下省两省同僚的，

---

[1] 方虚谷编《瀛奎律髓》，给这种诗取了一个分类目，名为"朝省诗"。《文苑英华》诗歌大类下收录"朝省诗"一目，注为参与朝会和宿直省台两种政治活动情境下的诗歌创作，开启了之后各时代对于"朝省诗"的分类和研究。

于是乎，各路高手纷纷响应，你写我写他也写。至于当时哪些人成了参赛选手，我们不得而知，目前已知的有王维、岑参和杜甫。从这次唱和的最终效果看，王维写出了"天花板"级别的颔联："九天阊阖开宫殿，万国衣冠拜冕旒"[1]。意思是说，大明宫层层叠叠的殿宇有如九重天门迤逦打开；万国异邦的使臣齐刷刷地向着皇帝跪见朝拜。这两句写得太好。不用我说，任何读者读罢都能自动生成脑补模式。宫殿深邃壮丽，场面威武庄严。我敢说，仅凭这两句，全诗都亮了，整个大唐也都亮了，为啥呢？尽管满朝朱紫，人中龙凤，然而"万国衣冠"尽拜天子一人，富贵尊荣，众星捧月。王维写得真是气象宏大，辞藻铿锵，典雅高华，无与伦比。

大家看，贾至首先"发球"，王维接住了，接得还超漂亮；岑参也接住了，接的也不错。不过，咱们这里的主角是杜甫，所以主推一下杜甫的大作：

> 五夜漏声催晓箭，九重春色醉仙桃。
> 旌旗日暖龙蛇动，宫殿风微燕雀高。
> 朝罢香烟携满袖，诗成珠玉在挥毫。

---

[1] 见唐代王维《和贾舍人早朝大明宫之作》。

欲知世掌丝纶美，池上于今有凤毛。[1]

杜甫为啥起笔要写更漏啊？因为早朝作为文武官员的政务活动，最具仪式感了，相当于古代最高级别的国家会议。早朝早朝，那是真够早的，唐朝五鼓入朝，五鼓是在凌晨三点到五点这个区间，[2] 所以，杜甫从"早"字开篇，写完五更的刻漏，接着写皇宫的春色，写飘扬的旌旗，写殿外的微风，写高翔的燕雀，写御炉的香烟，等等。

那结尾怎么结呢？按照规矩，朝省诗这种唱和诗一般具有应酬性质，通常都要恭维一下原唱。杜甫不能破了这个规矩，所以在尾联，杜甫礼貌性地恭维了一下贾至。贾至有啥可恭维的呢？要提贾至的诗，估计很多人不是背不下来，压根就没背过。贾至在今天寂寂无闻太正常了。因为大唐群星闪耀，无论诗坛文坛书坛艺坛，"坛坛都是好酒"。可在杜甫那个年代，贾至的风光只在杜甫之上，不在杜甫之下。

"欲知世掌丝纶美，池上于今有凤毛"。《礼记》中说，"王言如丝，其出如纶"[3]，因此，丝纶是指皇帝的诏书。

---

[1] 见唐代杜甫《奉和贾至舍人早朝大明宫》。

[2] 出自欧阳修，宋祁《新唐书》，北京：中华书局，1975年版，第1286页。"五更二点，鼓自（大明宫）内发，诸街鼓承振，坊市门皆启，鼓三千挝，辨色而至"。

[3] 出自《礼记》。

∧
∧
∧　大明宫国家遗址公园丹凤门

世掌丝纶，就是世代掌管皇帝的诏书。这说的是，贾至和他的老爸都曾是朝廷最硬的"笔杆子"。贾至的文章非常厉害，大有西汉遗风。因此，两朝盛典出自父子之手，就连唐玄宗都要点个"一键三连"。[1]"池上于今有凤毛"，这里的凤毛并不是简单的凤毛麟角，而是有一个典故加持：南朝的时候也有父子俩，父亲叫谢凤，儿子叫谢超宗，梁武帝点评说，"超宗殊有凤毛"。意思是说，儿子继承了父亲谢凤的文采。所以，"欲知世掌丝纶美，池上于今有凤毛"。杜甫是说，要想知道世代起草诏书的无上荣光，就看看贾至吧，贾家一门父子，两代"双骄"。

接下来的问题是，贾至"发帖"为啥能带动一拨人的快速"跟帖"[2]呢？贾至当年不仅是朝中文人，还是中书舍人。中书舍人，顾名思义就是兼管中书省各项事务的官员。他主要负责起草诏令、侍从、宣旨、劳问等等，官阶不算低，正五品上。由此可见，贾至既清且要，在朝中有人脉、有威望、有感召力。

对于这次早朝唱和，既有点像大家唱了"同一首歌"，又有点"神仙打架"的气场，对不对？所以总有人想给他们排个名次，比个高低，那杜甫这首诗到底是赢得好评还是遭到差评呢？

---

[1] 出自《新唐书·贾至传》。

[2] 帖，读（tie 三声）。

阎立本《步辇图》

【编者语】

在杜甫等人早朝唱和的前一年，大唐王朝经历了一场生死存亡的决定性战役——香积寺之战。香积寺之战，对于唐军来说虽然是"惨胜"，但有其非同寻常的重大意义。那么，香积寺之战到底是怎样的一场战役？杜甫的早朝唱和与这场战役有着怎样的现实关联呢？

02

对于杜甫这首唱和诗，后世出现了两极评价，最高分、最低分全打出来了。有人说杜甫的诗天衣无缝，其他人难望项背。[1] 你看，杜甫一出手，简直力压群雄，震惊四座，这是在力挺杜甫夺冠的架势；有人不同意了，他说"右丞擅场，嘉州称亚，独老杜为滞钝无色"。[2] 很明显，这是在给王维站台，右丞就是王维，因为王维官至尚书右丞。

---

[1] 见明末清初黄生《杜工部诗说》。

[2] 见明代胡震亨《唐音癸签》。岑参曾任嘉州（今四川乐山市）刺史，故世称"岑嘉州"。

老杜怎么样？老杜滞钝无色，意思是说，杜甫参加这种唱和好像显得大脑不够灵光，节奏也有点跟不上，诗写得毫无可观，及格线以下了。

不过，咱们的着眼点并不在谁第一、谁第二，我只想和大家探讨的是代入杜甫早朝唱和的场景，大唐天子，华服盛装，百官来贺，万国来朝，此等朝中气象，于国于己，无不让人欢欣鼓舞。这在理论上应该出现在大唐哪个阶段？如果放在贞观、开元时期，再合适不过了。没错，有人说唐太宗，"一个受到震惊的亚洲，从他身上看到了一个陌生的、史诗般的中国"。[1]可是，这次早朝唱和却出现在唐肃宗一朝，而且此时的肃宗皇帝刚刚进入治国理政的第三年，安史之乱的烽火已经燃烧了第四个年头。

所以，我们就要问问，安史之乱使国家元气大伤，这个时候，朝中危机四伏。可是，纵观杜甫等人的唱和之作，诗中不存在任何乱后痕迹，难道战争创伤被迅速遗忘，难道诗人对残酷现实都集体失语了吗？我的回答是，我们需要清楚这类朝省诗的本质是什么？本质上它属于宫廷文学。从形式来说，字面务必富丽堂皇，带不得一点山林气，更带不得一点寒酸气，不是看好什么写什么，而是怎么好看怎么写，要充分写出朝会的现场感、风流感、帝京之气、

[1] 出自〔法〕勒内·格鲁塞《草原帝国》。

· 83 ·

廊庙之音。从内容来说，歌颂皇恩、粉饰太平在所难免；不过，我们不要苛责王维，也不要苛责杜甫，为什么？大家知道此时的早朝唱和有多么来之不易吗？

就在早朝唱和的前一年，[1]大唐官军与安史叛军经历了一场生死大战——香积寺之战。香积寺在哪呢？香积寺是个寺院，位于长安近郊。所以，香积寺之战是收复长安的一场决定性战役。换句话说，这是给大唐续命的一场战役。大军出发前，皇帝在宴会上对郭子仪深情地说："成败在此一举！"郭子仪指天为誓，他说"此行不捷，臣必死之。"由此可见，香积寺这一战多么重要。

那官军这边由谁领队呢？唐肃宗几乎押上了所有的赌注，大凡能拿得出手的将领全部登场，另外，还有回纥、西域援军共计15万，号称20万。大部队在凤翔集结完毕，浩浩荡荡地抵达长安城西，列于香积寺。那这个时候杜甫在哪？杜甫知道吗？

上一集讲杜甫已经回到羌村，和老婆孩子在一块呢。可是，杜甫是谁呀？家庭团聚的快乐怎么比得了国家社稷的安危？杜甫听到这个天大的喜讯，上一秒还萎靡不振，下一秒就精神焕发。杜甫亢奋不已，写下一首排律，其中

---

[1] 公元757年9月。长子李俶担任天下兵马元帅，郭子仪担任副元帅，李嗣业等人担任将领。

有这么两句："鼎鱼犹假息，穴蚁欲何逃"。[1]

大家看，官军兵临城下，杜甫把叛军比喻成了什么？"鼎鱼"、"穴蚁"，他们就好像"鼎中之鱼"、"穴中之蚁"，他们只剩下最后的垂死挣扎。杜甫仿佛如鲠在喉，不吐不快，大胆预言，官军胜券在握，叛军必败无疑。

事实怎样呢？当时守城的叛军装备精良，拥有大量的骑兵和弓箭手。为了回避叛军优势，官军选择在地形复杂的南部山麓排兵布阵，同时做了梯次配置，形成前后三条阵线。[2]可是大战刚一开始，官军就被叛军冲击，连连败退。在这个关键时刻，有个关键人物挺身而出，这个人咱们之前讲过。杜甫回鄜州探家，没有马，他向谁借过马呀？"神通大将"李嗣业嘛。情急之下，李嗣业来到阵前，他说："今日以身诱敌，死而无憾！"说罢，脱去战袍，冲锋陷阵，叛军数十人被斩于马下。李嗣业又亲率陌刀手，[3]形成"长刀阵"，一道"长刀阵"就像一道移动的城墙，徐徐推进。官军压住了阵脚，郭子仪看到时机成熟，一声令下，发起总攻。

这场香积寺之战实在太惨烈了，从白天晌午一直杀到

---

[1] 见唐代杜甫《喜闻官军已临贼境二十韵》节选。

[2] 叛军由安守忠、李归仁率领。

[3] 叛军由安守忠、李归仁率领。

日落黄昏。地上尸体纵横，天上残阳如血。唐军清点战果，俘虏两万人，斩首六万余。[1] 长安终于被大唐王朝的官军艰苦夺回。

【编者语】

　　"早朝唱和"的日子，尽管京师疲敝，满目疮痍。但杜甫的心情却与以往不同。于己，左拾遗建言献策；于国，长安城失而复得。尽管尚有诸多隐忧，但是客观而论，这是杜甫生命中难忘的一段幸福时光，晚年的杜甫，看到山野之人送来的樱桃，不由得打开了诗人的记忆闸门，那么，一颗小小的樱桃，和早朝唱和的大明宫有着怎样空间上的关联呢？

03

　　对于这场香积寺之战，由于杜甫身在羌村，他很难知道所有的细节，但是杜甫在诗中设定好了自己的想象："家

----

[1]出自《资治通鉴·唐纪》："自午及酉，斩首六万级，填沟堑死者甚众"。

王维像

家卖钗钏，只待献春醪。"[1] 春醪就是春酒。诗人想象，叛军城破之后，溃败而逃，长安百姓，万民欢呼，他们甚至变卖金银首饰换取美酒琼浆，准备庆祝王师凯旋。

有诗评家说，这首诗是杜甫生平非常少见的一首快诗，痛快的快。[2] 是啊，杜甫痛快的时候太少了，眼里不痛快，心理不痛快，诗里也不痛快，这次为啥痛快得不行了呢？

杜甫经历了太多的磨难。大家还记得吧，杜甫一想到民不聊生，就心如汤火，五内俱焚。"穷年忧黎元，叹息肠内热"。[3] 可是，几年过去，放眼天下，依然遍地狼烟。所以，光复长安不仅是官军和叛军的命运之战，更是大唐帝国的国运之战。沦陷的长安回到大唐的怀抱。这该是何等大快人心！我觉得，光说杜甫痛快还不够啊，那是痛快的平方，痛快的立方，痛快的指数级增长。

当长安收复的捷报传到凤翔，百官们前来道贺，肃宗皇帝像个孩子一样，哭得稀里哗啦。大家想，谁的心理没杆秤啊，肃宗的皇位可是他自己抢来的，他不仅需要胜利，还需要一个巨大的胜利，以此来证明自己，也来证明

---

[1] 见唐代杜甫《喜闻官军已临贼境二十韵》节选。钗，读（chāi 一声）。钏，读（chuàn 四声）。醪，读（láo 二声）。

[2] 出自杨伦《杜诗镜铨》。《喜闻官军已临贼境二十韵》："字字精彩，句句雄壮，全是喜极涕零语。逐色铺张，觉一片快情、飞动纸上。"

[3] 见唐代杜甫《自京赴奉先县咏怀五百字》。

自己政权的合法性。可是，虽然灵武称帝，九五至尊，但是治兵讨贼，谈何容易。能否收复长安又是一次生死攸关。

都说福无双至，但是对于大唐来讲，这一年真的双喜临门。长安收复了，下一个就轮到洛阳。紧接着，郭子仪率军马不停蹄，兵锋直指东都。到了 10 月份，长安、洛阳两京收复。收复两京，它的难度远远超出常人的想象。不管怎么讲，长安、洛阳失而复得，唐肃宗回驾长安，回到魂牵梦绕的大明宫。大明宫是个啥地方啊？从唐高宗时代起，东内大明宫就取代西内太极宫成为唐朝的国家象征。大明宫不仅是唐代很多重大历史事件的发生地，也是中国宫殿建筑的巅峰之作，有人换算过，1 个大明宫 =3 个凡尔赛宫 =4 个紫禁城 =13 个卢浮宫 =15 个白金汉宫。这座东方圣殿被誉为"千宫之宫"。

杜甫参加的早朝就发生在这样的大明宫，而且早朝唱和发生在两京收复的第二个春天。所以大家想，早朝唱和的春天是多么炫人眼目的春天，是多么令人激动的春天，也是多么值得欣慰的春天。因为这中间发生了什么，大家都懂得。

我为啥说不要苛责王维呢？王维被关押在菩提寺的时候，他曾作诗抒发国破之哀："万户伤心生野烟，百僚何日更朝天？[1]"原来百官朝拜天子的盛况什么时候能够重现呢？早在安史之乱前，王维就写过"万国仰宗周，衣冠拜冕旒"[2]，把自己这个"经典配方"进行二次加工就成了"九天阊阖开宫殿，万国衣冠拜冕旒"，一扫战后衰颓悲飒之气。尽管大唐盛世渐行渐远，但是王维心中的"盛唐情结"一直都在。

那我又为啥说我们更不要苛责杜甫呢？此时的大明宫对每个人的意义都非同凡响。唐肃宗从长安到灵武，从灵武转凤翔，从凤翔再回长安。离开时他是太子，归来时他是天子。千回百转，天子归来；王维呢，王维乱中被俘，戴罪之身，幸免一死，胆战心惊，王维归来；杜甫呢，杜甫避难鄜州，又投奔灵武，被困长安，再冒死出逃。逃到凤翔，又放还鄜州，走出鄜州得以重返长安。流离颠沛，杜甫归来。

早朝唱和的日子，尽管京师喋血，疮痍未平，但李唐政权还都长安，肃宗皇帝主政大明宫，君臣上下，重新找回了归属感，也重新刷足了存在感，虽说长安遭到抢掠，百废待兴。但是，一切礼仪制度正在慢慢恢复。所以，杜甫描写早朝气象，他很愿意和同僚分享这种感受。那还有

---

[1] 见唐代王维《凝碧池》。
[2] 见唐代王维《奉和圣制暮春送朝集使归郡应制》。

没有别的开心事儿呢?

杜甫晚年的诗歌创作有一大特征,就是体现出一种浓厚的怀旧感。哪怕一封信、一幅画、一个礼物、一次表演,都能成为一把钥匙,打开诗人记忆的闸门。有一年,杜甫在成都,有人给他送来好多樱桃,这下诗人就想起了一件事,他在大明宫曾经得到过御赐的樱桃:"忆昨赐沾门下省,退朝擎出大明宫。[1]"

是不是大家都不敢相信,樱桃这么亲民的百姓水果,还用御赐吗?要是数一数,在唐朝地位最高的是哪种水果,恐怕大家最先过滤掉的就是不起眼的樱桃,不约而同想到的全是荔枝。只因杜牧给荔枝写出了最好的带货词,"一骑红尘妃子笑,无人知是荔枝来"。作为贵妃的最爱,荔枝的品级当然是"国标级"的。不过,在唐朝,樱桃比荔枝还要受宠,还要贵气。据说,当年武则天御驾东都,曾经赐樱桃为"圣果"。不管啥东西,要是和"圣"字沾边,这档次就不一样了。唐朝诗人写过很多和樱桃有关的诗,可以称作"樱桃诗",白居易没少写,就连"樱桃小口"都出自他的笔下:"樱桃樊素口,杨柳小蛮腰"。

需要强调的是,古代樱桃不止给人们带来口腹之欢,

---

[1] 见唐代杜甫《野人送朱樱》:西蜀樱桃也自红,野人相赠满筠笼。数回细写愁仍破,万颗匀圆讶许同。忆昨赐沾门下省,退朝擎出大明宫。金盘玉箸无消息,此日尝新任转蓬。

具有食用价值、观赏价值，还具备礼仪价值，常被荐于宗庙，[1] 皇帝也把它作为赏给大臣的珍品。所以，作为宫廷的时令水果，樱桃是不是堪称"政治水果"呢？

咱们知道，樱桃，玲珑剔透，鲜红欲滴，颜值高，好看；滋润饱满，甘美多汁，水分足，好吃。但是樱桃很小，小的像玛瑙，再小的像珍珠，但这两句诗的空间可是非常大。大家看，诗里出现了门下省，出现了大明宫，这两个实打实的地名告诉我们，杜甫得到皇帝赏赐的樱桃也是发生在早朝唱和这个时间段。"忆昨赐沾门下省，退朝擎出大明宫"，"忆昨"，一切都恍如云烟，又清晰如昨；"赐沾"，写出感戴之情；"擎出"，写出恭敬之态；杜甫在门下省接受御赐的樱桃，退朝之时，缓缓擎出宫门。

想想看，杜甫是不是感到一种"微幸福"？那大家会不会和我一样好奇，这一阶段杜甫上班，是不是也会"划水"呢？

04

从杜甫这辈子来讲，杜甫担任左拾遗的那段时光算是

---

[1]《礼记·月令》记载："仲夏之月……天子乃以雏尝黍，羞以含桃，先荐寝庙。"

一生中最荣耀的时光，此前此后，我们都很难找到这样的状态。

要说，杜甫这个左拾遗绝对是大唐的"优秀员工"，咱们举例说明。有一回，杜甫值班，值的是夜班。[1] 既然是夜班，杜甫看见的景色一定是晚上的景色。杜甫诗中说，天黑了，门下省墙外的花看不清了，空中一大群鸟，叫着飞回来了，星星也上来了，夜越来越深了。杜甫在庭院徘徊，但见星光闪烁，时聚时散，时明时暗，大明宫的千门万户也仿佛时远时近，时隐时现，好像有了生命一样都在晃动。宫殿巍峨，星光流泻，月亮已经升到了中天。那杜甫值班怎么不睡觉呢？

杜甫不肯睡，杜甫不能睡，杜甫也不敢睡。夜不能寐是什么感觉？我猜神经衰弱或者有顽固性失眠的朋友一定知道，夜深人静，人对声音超级敏感，杜甫说只要外边有一点点声音，他就感觉是不是要天亮了，是宫里的人开门了吧。再过一会儿，一阵风吹过，他又觉得外面好像有骑马的马铃声，是有人来上朝了吧？

杜甫不是胡思乱想，他惦记的事儿只有一个：早朝。

---

[1] 见唐代杜甫《春宿左省》。花隐掖垣暮，啾啾栖鸟过。星临万户动，月傍九霄多。不寝听金钥，因风想玉珂。明朝有封事，数问夜如何？"左省"是指左拾遗所属的门下省。杜甫身为左拾遗，"春宿左省"就是春天在门下省值夜班。

那杜甫参加的是哪种早朝呢？

唐代的早朝分三种情况：一种叫大朝会，每年的冬至和元旦举行，参加的人最多，礼仪也最隆重；其次是朔望朝，每月初一和十五举行，也比较隆重；第三种是常朝，理论上每天举行，实际上视政务的繁忙程度，每个时期不太一样。常朝的礼仪最简单，参加人数也最少。但内容最扎实，不是单纯的礼仪活动，而是处理日常政务。[1] 由此可见，常朝，这是官员们包括杜甫在内天天都要走的过场，但是杜甫丝毫不敢懈怠。杜甫说："明朝有封事，数问夜如何"。[2] 诗人顶顶重要的头等大事，他等着早朝的时候给皇帝上一个封事，所以他就屡次问夜里已经到几点钟了？

什么叫"上封事"，这里有个知识点："补阙、拾遗之职，掌供奉讽谏，扈从乘舆。凡发令举事，有不便于时，不合于道，大则廷议，小则上封。"[3] 这说明啥？作为拾遗这个官，大事要在上朝的时候当面和皇帝提出来，叫"廷议"或者"廷争"，小事呢，臣子上书奏事，为了防止泄漏，用黑色袋子把这个"机密文件"密封，上封事就是把自己

---

[1] 大明宫和如今的紫禁城一样，也有三大殿：最外面的是含元殿，是大朝会的地方；中间的叫宣政殿，是朔望朝的场所；最里边的叫紫宸殿，是常朝的地点。

[2] 见唐代杜甫《春宿左省》。常朝的参加人员最少，第一类是在京五品以上的中高级官员，第二类就是两省官员，因为他们是皇帝的亲信参谋。

[3] 出自刘昫等《旧唐书·卷43·职官二》，北京：中华书局，1975年版，第1845页。

写的意见封好，以装个包封起来的方式递交皇帝，叫"封事"。通常一般谏官，拾遗也好，补阙（缺）也好，根本不提什么意见，但求无过，少说为佳，混日子，保饭碗。只有杜甫，他是真把谏官当回事，也是真给皇帝提意见，而且他心里装着"明朝有封事"，杜甫越发难以成眠！

大家看看吧，杜甫自暮至夜，自夜至晓，自晓至朝，他心绪不宁，辗转反侧，甚至夜不能寐，也要给皇帝提意见，居官勤勉，一心为国，这就是杜甫的儒生本色，这就是杜甫的谏官品格，这就是杜甫的职业精神！那杜甫光是夜班很认真不行啊，白班在不在状态呀？杜甫告诉咱们，他总是最后一个走，比谁走得都晚。[1] 等他下班了，鸡都要上窝了。这还不够晚吗？

从杜甫这辈子来讲，从鄜州探家再到早朝唱和，这段时间杜甫既开心又闹心。开心的是啥？两京收复，二帝还京，虽然是阶段性胜利，但毕竟是胜利；闹心的是啥？虽然早朝唱和这段日子貌似比较平静，但毕竟是貌似；虽然自己这个左拾遗暂时还在职，但毕竟是暂时。因为前一年，杜甫疏救房琯，把唐肃宗得罪了，现在，任凭杜甫如何卖力，也很难进入皇帝的视线。杜甫的仕途还能走多远呢？

---

[1] 见唐代杜甫《晚出左掖》："避人焚谏草，骑马欲鸡栖"。

伍

曲江醉春

每一时期的曲江诗，都凝聚了杜甫不尽的情思，也是他当下心境的真实写照。

那么，杜甫是如何在诗句中描绘曲江景色的？这些文字背后，又承载着他怎样的情感呢？

【文前按语】

在曲江，位于长安城南朱雀桥之东，是盛世大唐国都长安的文脉之地，不论是达官显贵，还是文人雅士，都喜爱在此游玩宴饮，吟诗唱和。在"雁塔题名"的风光无限和"曲江流饮"的风情雅趣中，无数诗人才子留下了关于曲江的诗篇。曲江的秋，是韩愈眼中的"曲江千顷秋波净，平铺红云盖明镜"；曲江的夏，是白居易眼中的"水禽翻白羽，风荷袅翠茎"。而说到曲江的春，"诗圣"杜甫的那句"一片花飞减却春，风飘万点正愁人"便涌现在了我们的脑海。

如果说长安是杜甫魂牵梦萦的追梦之城，那么曲江水，就是他的解忧之水，他借诗抒情，将对家国的情怀倾注进粼粼的水波里，在长安城中缓缓不息地流动。杜甫的一生，创作了大量与曲江相关的诗篇。每一时期的曲江诗，都凝聚了杜甫不尽的情思，也是他当下心境的真实写照。那么，杜甫是如何在诗句中描绘曲江景色的？这些文字背后，又承载着他怎样的情感呢？

01

首先咱们插播一条新闻快报：最近几年，以大唐不夜城为核心的"曲江商圈"，丰富了西安市民的文化生活，新一代"网红城市"西安市正在以超越奔跑的姿态再次彰显历史文化名城的魅力。

有人说，现代人之所以愿意徜徉在今天的"人造景区"，是因为想体验这里的科技感、智能感。我反倒觉得，这里分明是一种深邃的历史沉淀感，它似乎帮助游人唤回故地的长安旧梦，感触曲江的"文化余温"。

那问题来了，回到杜甫的时代，大唐有不夜城吗？这个真没有。因为除了每年元宵节那几天，长安是要执行宵禁的。不过没关系，杜甫在长安当左拾遗那会儿，他除了每天出入于首都办公区的"顶级写字楼"，还经常去曲江遛弯儿。诗人写过《曲江二首》，咱们来看看第一首：

> 一片花飞减却春，风飘万点正愁人。
>
> 且看欲尽花经眼，莫厌伤多酒入唇。
>
> 江上小堂巢翡翠，苑边高冢卧麒麟。[1]
>
> 细推物理须行乐，何用浮荣绊此身。

---

[1] 花边，一作苑边。

读完这首诗，大家的第一观感是啥？诗中竟然出现"须行乐"三个字，这种做派好像安到谁身上也安不到杜甫身上。及时行乐是什么调性？要么放荡不羁，要么颓废消沉。诗中不光有"须行乐"，还有花、有酒，老杜是既看花又吃酒。看花吃酒，如果正遇"良辰美景"，该是何等的"赏心乐事"！

别急，还有三个字呢："正愁人"。这说明，杜甫是"伤心人别有怀抱"。好不容易春天来了，花儿开了，现在怎么样？"一片花飞减却春"，春天的消逝已经开始。这是风景吗？这是大煞风景。因为美好，所以珍惜。因为短暂，所以珍惜。因此，文学史上形成一个创作规律，诗人词人都有着深深的"惜春情结"，他们笔下的"花谢花飞"，主打一个愁肠寸断。韩偓说："惜春连日醉昏昏，醒后衣裳见酒痕。[1]"秦观说："晓日窥轩双燕语，似与佳人，共惜春将暮。[2]"辛弃疾说："惜春长怕花开早，何况落红无数。[3]"李清照说："惜春春去，几点催花雨。倚遍阑干，只是无情绪。[4]"看看吧，每到春去，文人们的"季节综合

[1] 见唐代韩偓《春尽》。偓，读（wo四声）。
[2] 见宋代秦观《蝶恋花·晓日窥轩双燕语》。
[3] 见宋代辛弃疾《摸鱼儿·更能消几番风雨》。
[4] 见宋代李清照《点绛唇·闺思》。

岑参像 ∨∨∨

征"集体爆发，正所谓"骚人竞赋惜春诗，为惜花飞万点时"[1]。

当杜甫行走曲江，他看见枝上的残花继续飘落，花海顿作一片花雨，杜甫怎么说？"且看欲尽花经眼"，在花儿落尽之前，姑且再欣赏一番它的美丽吧，真是有多么不舍就有多么留恋，有多么赏爱就有多么悲哀。杜甫正是"心有所恋"，才"悲从中来"，他的心情已经无法安顿，他的酒也停不下来，即使没少喝，还要喝不少，"莫厌伤多酒入唇。"

看到这两句，别人喝酒都喝出个开怀，杜甫喝酒，是不是喝了个憋屈？说老杜憋屈，真的一点都没说错。别人喝酒，似乎都升腾了，只有杜甫真的吞到底了。杜甫为啥超量喝酒呢？别忘了，有一个专属文人开出的"经典药方"啊：何以解忧，唯有杜康。因此，杜甫上联一句"风飘万点正愁人"，下联跟上一句"莫厌伤多酒入唇。"前面有愁，所以后面有酒。那杜甫在曲江醉饮的春天到底是哪个春天？杜甫仅仅是感叹春光易逝吗，"风飘万点正愁人"的愁都包含哪些纠结呢？

《曲江二首》，杜甫写在公元758年，掐指一算，这

---

[1] 见宋代张嵲《次韵惜春》。

是安史之乱的第几年？第四年。

这个时候，杜甫看到的曲江什么模样？"江上小堂巢翡翠，苑边高冢卧麒麟。""江"指的就是曲江；"小堂"指的是达官显宦游春的别墅；"高冢"指的是芙蓉苑边高大雄伟的墓地。小堂还和从前一样吗？"江上小堂巢翡翠"，翡翠鸟在小堂作巢，物是人非。墓地还和从前一样吗？"苑边高冢卧麒麟"，墓前的石兽倒卧在地，今昔巨变。活人的住所是"小堂巢翡翠"，何等荒凉；死者的坟墓是"高冢卧麒麟"，不胜寂寞。一见空堂无主，二见冢废不修。所以，杜甫触目江景，作诗遣怀。

那大家想想看，杜甫只是伤春吗？

02

我要告诉大家，曲江还是那个曲江，山河无异，可是它装满了时代的晴雨。在杜甫眼中，曲江不仅是地理意义上的皇家园林，更是具有深刻内涵的政治符号。杜甫不是只写过《曲江二首》，和曲江有关的诗，杜甫写了很多首，时间跨度非常大。[1] 杜甫借用曲江这个空间，把人事变迁

---

[1] 上起天宝十载（751 年），下至大历元年（766 年）。有统计 14 首。

与历史兴替一并入诗，彰显曲江的"文化重量"。曲江不只是一条江，它也成为检视大唐盛衰的一个窗口。

【编者语】

"一片花飞减却春"，看着曲江岸边的花飞花落，杜甫仿佛看到了即将离去的春天，如同命运一般难以抓住，又无法预料。曾几何时，春日里的曲江花繁树茂，笙歌画舫，人潮涌动，热闹非凡。而如今，又是一年春天，物是、人是，心境却已全然不同。曲江之水，见证着大唐王朝的兴盛与衰落，见证着每一个长安人的悲欢离合，也见证着杜甫从一个对自身命运不甘的青年文人，逐渐蜕变为与国同忧、与民共难的"诗圣"。那么，曲江伴随着大唐一路走来，经历了哪些风雨变迁？杜甫的情感，又是怎样从"报国之难"，转变到"忧国之慨"，再到"悲国之痛"的呢？

接下来，咱们截取三个时间段来看看曲江景观的变化，来看看杜甫心情的变化。

第一时段：烈火烹油的"嘉年华"。盛唐那会儿，毫

高适像 ＞＞＞

不夸张地讲，曲江全方位火爆，不仅是人流密度极大的京都公共区，还是长安城的"C位"地标。那时的曲江乃大唐文化的荟萃地，奏响了盛世的最强音。在曲江附近，有一个园子名字叫乐游园。乐游园面向社会开放，不光平民百姓常来"打卡"，就连皇亲国戚、天子贵妃也到这里游春赏花。杜甫写过乐游园的盛况，唐玄宗那个时候，为了出游安全、快捷，专门筑了夹[1]城，啥是夹城呢？这是一条御道，[2]相当于皇上来往通行的"绿色"通道，两边筑有高墙，由大明宫通往曲江芙蓉苑。曲江边上有非常精致的帐幕，每个帐幕前还挂一个牌匾，这个牌匾就像高奢定制的"私家广告"，上面说明这是谁家谁家的公主，那是谁家谁家的王子。唐玄宗跟他的贵妃呢，当然不是帐幕那么简单啦，曲江边上有行宫。他们也不是看花那么简单了，那里有大型皇家歌舞，"拂水低回舞袖翻，缘云清切歌声上"[3]，船上，舞女们长长的袖子在曲江水面摇啊摇，歌声婉转，沿着云彩飘啊飘。

第二时段：夺人眼目的"游乐区"。有一年三月三，春江水暖，惠风和畅，一场顶级野餐出现在曲江江边，男

[1] 夹，读（jiā 一声）。
[2] 见《两京新记》："开元二十年筑夹城，入芙蓉园：自大明宫夹亘罗城复道，经通化门观，以达兴庆宫；次经春明、延喜门，至曲江芙蓉园。"
[3] 见唐代杜甫《乐游园歌》，此诗当作于公元751年。

主女主能是谁呢？那还能是谁啊？杨氏兄妹。杨国忠，这都不用多说了吧，完美阐释了啥叫"一人得道，鸡犬升天"，杨贵妃那几个姐姐也不用多说了吧，完美阐释了"有啥都不如有个好妹妹"。所以，这里既是她们的踏青之地，也是她们的时尚秀场。杜甫用一双诗人的眼睛进行了"抓拍"。诗的结尾还来个温馨小提示："炙手可热势绝伦，慎莫近前丞相嗔！[1] 是不是大有"此乃重地，闲人免进"的味道，殊不知，他们正坐在火山口上玩耍，天快塌了。就在两年之后[2]，渔阳鼙鼓动地来。

第三时段：山河破碎的"伤心地"。长安沦陷了，杜甫说"江头宫殿锁千门，细柳新蒲为谁绿"[3]，曲江两岸，原本楼阁起伏，花开似海。曾经的锦绣成堆，万种风情，换作乱后的宫殿萧条，千门紧锁。难怪后来唐文宗每次读到杜甫这两句诗，[4] 深感一代盛世的崩溃，因而新建紫云楼、采霞亭。

由此可见，杜甫对曲江的情感是一条变化的曲线。展

---

[1] 见唐代杜甫《丽人行》。

[2] 指公元753年。

[3] 见唐代杜甫《哀江头》。

[4] "每诵杜甫《曲江行》云：'江头宫殿锁千门，细柳新蒲为谁绿！'心思复升平故事，故为楼殿以壮之。"见后晋刘昫《旧唐书》，中华书局，1975年版，第561页。

开杜甫的曲江诗，就如同展开了历史的褶皱。杜甫亲历了大唐由治到乱，曲江也见证了大唐由治到乱。

第一时段，正是杜甫困守长安的时候，用他自己的话说"骑驴十三载，旅食京华春"。长安三万里，三万里长安，长安承载着杜甫安身立命的理想，寄托着杜甫兼济天下的情怀。那个时候，金榜高中的新科进士，[1]无论"雁塔题名"还是"曲江流饮"，脸上都写满了春风得意，自带令人嫉妒的表情。成功是别人的，与杜甫无关；成名是别人的，也与杜甫无关。所以，杜甫的核心情感，我把它概括为四个字：报国之难。

第二时段，杜甫写出曲江一带统治集团的纸醉金迷，作威作福。荒淫是他们的，但是与杜甫有关；腐朽是他们的，但是与杜甫有关。诗人看到了盛世危机，作品体现一种鲜明的忧患意识。杜甫的核心情感，我还是概括为四个字：忧国之慨。

第三时段，乱后的曲江。在杜甫眼中，满眼曲江都是泪。江山是大唐的，但是与杜甫有关；曲江是大唐的，但是与杜甫有关。杜甫的核心情感，我还是概括为四个字：悲国之痛。

---

[1] 见五代王定保《唐摭言》，上海：古典文学出版社，1957年版，第4页。"列姓名于慈恩寺塔，谓之题名；大宴于曲江亭子，谓之曲江会。"

　　"一片花飞减却春，风飘万点正愁人"。杜甫笔下岂止是伤春，诗人也是伤世。可是，这个时候，杜甫已经重新回到左拾遗的岗位，而且，长安、洛阳，两京收复，曲江那么美丽，杜甫的心情为啥还是美丽不起来呢？

03

　　到诗人写《曲江二首》的时候，杜甫陷入了新的苦闷。

后来呢，杜甫喝酒已经到了不醉不归的地步。再后来呢，诗人买酒没钱，干脆走到哪喝到哪，喝到哪就赊到哪。杜甫诗中说：

> 朝回日日典春衣，每日江头尽醉归。
> 酒债寻常行处有，人生七十古来稀。[1]

杜甫说，他每天上朝回来都要去把衣裳当出去，因为他要到曲江喝酒，一醉方休。这个频次有多高呢？"日日典春衣"，"每日江头醉"。杜甫是个"月光族"不说，即使当衣服还是"月供"不足，"透支卡"透支太多，"酒债寻常行处有，人生七十古来稀。"这里的"寻常"并不是"平平常常"的意思。在古代，八尺为"寻"，倍寻为"常"，"寻常"是个长度单位，所以"寻常"对"七十"。"寻常"不仅包含数目的概念，而且包含极言其多的意思，这说明，杜甫差不多承包了曲江的几条街，不欠这家就欠那家，欠了一大堆的债。

我第一次读到这两句诗，不知为什么，一股脑地想到三个时空有点错乱的人。第一人，李白。李白的"花式"喝酒，听着都爽，什么"长风万里送秋雁，对此可以酣高

---

[1] 出自唐代杜甫《曲江二首》。

曲江宴 ∨∨∨

楼",什么"金樽清酒斗十千,玉盘珍馐直万钱",什么"高歌取醉欲自慰,起舞落日争光辉",什么"昔在长安醉花柳,五侯七贵同杯酒",不管哪种状态下,李白喝酒都显得那么阔气,即使没钱了,人家也是"解我紫绮裘,且换金陵酒",杜甫的酒实在太寒酸了,可是还有和杜甫一样寒酸的人;第二人,曹雪芹。曹雪芹也说自己"举家食粥酒常赊";第三人,孔乙己。鲁镇的咸亨酒店,孔乙己赊酒的账单到死才擦掉。

所以,我不由得同情起杜甫来。那是不是有人会说,这酒不喝不行吗?没钱买酒,再买就"剁手",杜甫告诉咱们,以前两只手就够剁了,现在八双手都不够。为啥呢?"人生七十古来稀"啊,浅层意思是说,人生苦短,不乐何为?既然不得行其志,且进生前有限杯。那杜甫真的是自我放纵以致自我放弃吗?他背后隐藏的是什么心思?

前面咱们聊过,杜甫因为疏救房琯,使得龙颜大怒,杜甫写《春江二首》时已经重新回到皇帝身边,还继续当他的左拾遗。[1]咱们都知道,杜甫给自己的人设定位是"窃比稷与契",别说是不是高官,肯定是个好官,是个给老百姓干实事的好官。杜甫原本觉得,长安收复,正是国家

---

[1] 见唐代杜甫《宣政殿退朝晚出左掖》《紫宸殿退朝口号》《春宿左省》《晚出左掖》等。

励精图治，自己大有可为的时候，所以，他今天上一封奏疏，明天上一封奏疏。杜甫超认真，皇帝超闹心。眼看着人生行程已过大半，有限的生命如何去完成一个高远的理想，既时不我待又遥遥无期。[1]加之暮春时节，落红满地，这就使得杜甫陷入无休无止的精神内耗当中。

这种内耗，不光杜甫有，岑参也有。咱们聊聊杜甫和岑参的故事，这样，我们大可以在一个大的历史框架中去更好地了解杜甫，了解当时的政治生态。说岑参，大家都没有陌生感，他与高适并称"边塞双雄"。岑参两度出塞，曾把胡天八月的飞雪比作"千树万树梨花开"。杜甫和岑参关系非常铁，甚至"铁"到让我们怀疑，怀疑什么呢？有一年重阳节，因为大雨阻隔，杜甫想见岑参而不能，他竟然说"思君令人瘦"[2]，杜甫想岑参，想到茶不思饭不想，直追"为伊消得人憔悴"，这像男人之间的相思吗？单凭这一句，怎么看怎么不像。杜甫当左拾遗的时候，岑参在当右补阙，同朝为官，分署办公，两个人的工作性质完全一样，基本上也是同时上朝，同时下朝。

杜甫很压抑，岑参也很压抑，他们二人用诗歌说着悄悄话，说着真心话。岑参觉得，他们每天煞有介事、诚惶

[1] 见唐代杜甫《曲江对酒》："纵饮久判人共弃，懒朝真与世相违"。
[2] 见唐代杜甫《九日寄岑参》。

诚恐地趋入朝廷。但是君臣上下，既没干出什么轰轰烈烈的大事，也没有定下什么兴利除弊的良策。他对杜甫说："圣朝无阙事，自觉谏书稀"[1]。杜甫当然能读懂岑参诗中的"潜台词"。岑参采用曲折隐晦的笔法，寓贬于褒，绵里藏针。意思是说，明明自己是"补阙"，可是见"阙"不能"补"，明明自己是谏官，可是"自觉谏书稀"。岑参写诗讽刺自诩圣明，拒绝纳谏的统治者，揭露文过饰非、讳疾忌医的唐王朝。

杜甫也曾在诗中检讨自己，他说自己既不会吹牛拍马，又不会逢迎苟且，本来想一旦到朝廷做事，务必尽职尽忠，尽心尽力，可是啥也没做出来。他每天下班都很迟疑很彷徨。"衮职曾无一字补，许身愧比双南金"[2]，他说穿上这样的官服，得到这样的职位，可是没给国家一个字的补救。自己上了那么多奏疏，没一个字得以实行。那不实行就不实行，不实行就躺平呗，别忘了这个人，不是张三李四王五，他叫杜甫啊。杜甫啥心态？杜甫很惭愧啊："许身愧比双南金"，金出丽水，故称南金。双南金，无非言其身价之高。愧比双南金，杜甫觉得国家让他做拾遗，他应该做出最好的报答；可是我白白拿了国家的薪水，却对

---

[1] 见唐代岑参《寄左省杜拾遗》。

[2] 见唐代杜甫《题省中院壁》："衮职曾无一字补，许身愧比双南金"。

国家一点帮助都没有，不干活，吃空饷，怎么能让我安心，我又怎么能心安？这就是杜甫哇！这就是伟大的杜甫！

咱们今天经常提到一个幸福理论：福流（flow）。从积极心理学角度来讲，意义感是打开幸福的敲门砖。意义感的丧失就会使人在心理上沮丧和疲惫。那产生福流的条件是什么呢？是要有明确的目标，这个目标最好是一个闭环的目标，形成一个福流通道。所以，杜甫也好，岑参也罢，他们之所以很郁闷，其实就是人生目标渐行渐远的悲哀。表面上，他们看似低到冰点的满腹牢骚，实际上，他们内心是热到滚烫的一腔赤诚。

我们以现在的《曲江二首》把杜甫的曲江诗砍成两块：从前的曲江诗，杜甫主要抒发的是仕而无门的哀叹，现在的曲江诗主要表达的是仕而无为的悲慨。杜甫真正的郁结只为抱负难伸。杜甫不是贩卖焦虑，他是真心焦虑。那焦虑的杜甫，焦虑的结果是什么呢？

04

《曲江二首》，杜甫看似伤春，实则伤世。只有伤世吗？有没有伤己呢？如果有，又是什么？我们还必须清楚杜甫当时的心理背景。

此前杜甫疏救房琯，接着唐肃宗不是给杜甫放了个探亲假吗，这个探亲假还超长，杜甫回到了魂牵梦萦的羌村，见到了朝思暮想的老婆孩子，但是心神不安，七上八下。事实上，杜甫心里一清二楚，这个假期里面，弦外有音，这是把自己放逐的前奏，杜甫心里是有预期的。都说"是福不是祸，是祸躲不过"，可怜的老杜能不能躲过呢？

很快到了端午节，咱们知道，端午节不是小众节日，这是一个民俗大节，中国四大传统节日[1]之一。直到今天，这个节日的热度始终没有降温，你看，中国的南方北方，挂艾草、佩香囊、制凉茶、饮蒲酒，还有节日"锦标赛"——划龙舟等等。端午节过得确实有模有样。其实，这里有好多项目在唐代就流行开来，大家可能不知道，当端午遇上大唐，一跃升级为法定的"国家节日"。朝廷要举办大型Party（宴会），皇帝大宴群臣，君臣之间还有礼物互赠。

那臣子拿什么献给皇帝呢？在扬州，制镜工匠会选择一个特殊的日子，在每年端午节的正午时分，选择一个特殊的地方，在扬州长江中心的船上，他们千辛万苦地铸造铜镜，专门进贡皇帝，称为"天子镜"。扬州成了唐朝贡

[1]中国四大传统节日有春节、清明节、端午节、中秋节。

镜的最大产地。[1]除了铜镜，臣子还要敬献皇帝端午御衣。[2]那皇帝赐给大臣什么呢？皇帝赐给大臣的东西很多，有宝扇[3]、玉带[4]，还有粽子、罗衣。杜甫呢，得到了唐肃宗的恩赏，赏赐一件衣服，一般情况下，赏赐的衣服不太容易合身，但是杜甫这件就像根据自己的"三围"量身定做的，大小肥瘦刚刚好。这件衣服的布料，材质是细葛的，穿在身上既飘逸又轻快，既透气又凉快。杜甫诗中说："宫衣亦有名，端午被恩荣。细葛含风软，香罗叠雪轻。"[5]大家看，杜甫对标有自己名字的这件夏衣，既受宠若惊，又出乎意料。从哪个字能看出来？"宫衣亦有名，"没想到这宫衣也有自己的份儿。这个"亦"字说明，杜甫对自己即将被打入"另册"是有心理准备的。

其实，早在两京收复后，唐肃宗和唐玄宗之间的矛盾就日益尖锐。后来，唐玄宗从蜀地返回长安，唐肃宗非常

---

[1] 白居易《百炼镜》写道："江心波上舟中铸，五月五日日午时。"《唐国史补》说："扬州旧贡江心镜，五月五日扬子江心所铸也。或言无有百炼者，或至六七十炼则已，易破难成，往往有自鸣者 。"

[2] 见唐代杜甫《惜别行，送向卿进奉端午御衣之上都》："裁缝云雾成御衣，拜跪题封贺端午"则是进奉端午御衣。

[3]《唐会要》：贞观八年(公元644年)五月五日，唐太宗御笔亲题"莺""凤""蝶""龙"等字样于扇上，赏赐大臣。

[4]《中华古今注》云，唐贞观年间端午节，赐给文官黑玳瑁腰带，武官黑银腰带。

[5] 见唐代杜甫《端午日赐衣》：宫衣亦有名，端午被恩荣。细葛含风软，香罗叠雪轻。自天题处湿，当暑著来清。意内称长短，终身荷圣情。

忌惮父皇巨大的政治影响力，在某些人 [1] 的挑唆下，开始对玄宗集团的旧臣釜底抽薪，加快了官员的换血步伐。端午过后，来到六月，房琯被贬了，与房琯关系密切的人都相继被贬了，严武被贬，杜甫被贬 [2]。杜甫从写《曲江二首》到被贬，前后不过两个多月的时间。

"一片花飞减却春，风飘万点正愁人。且看欲尽花经眼，莫厌伤多酒入唇。"杜甫之所以写出如此愁肠百结的句子，到这里是不是有了答案？我个人觉得，老杜写"一片花飞"要胜于写"一片飞花"，为啥呢？"花飞"有一种进行时，有一种撕裂感，就好像诗人内心的疼痛；"飞花"呢，不过一个场景，一个状态，哪怕画风很唯美，很文艺，但是沁人心脾的花香怎么承载得了诗人痛入心脾的情绪？一片花飞已愁，风飘万点更愁；残花即将飞尽，愁上添愁。北宋的秦观非常看好这两句，直接化出一个金句："飞红万点愁如海" [3]。

杜甫被贬了，临行之前，他给朋友写了一首诗，"乐极伤头白，更长爱烛红。相逢难衮衮，告别莫匆匆。但恐

---

[1] 指张良娣、李辅国等。

[2] 华州，今陕西华县。房琯出为邠州刺史，与房琯关系密切者相继被贬，严武出为巴州刺史，杜甫出为华州司功参军。

[3] 见宋代秦观《千秋岁·水边沙外》。

天河落，宁辞酒盏空。明朝牵世务，挥泪各西东。"[1]杜甫的心里真的是既五味俱全，又在五味之外。

大家还记得吧，之前杜甫从金光门逃出去，逃到凤翔。现在，杜甫被贬了，他还是从这个金光门走出去，走出京都。孤臣去国，追昔而伤今，年迈的杜甫勒住马，久久回望着皇城的千门万户："无才日衰老，驻马望千门"[2]。

长安，远去了；曲江，远去了。对杜甫来说，长安，追梦的城，伤心的城；曲江，醉酒的江，流泪的江。从此，杜甫再也没有回到长安，也再也没有回到曲江。当杜甫流寓西南，在成都，诗人写下"玉垒题书心绪乱，何时更得曲江游"[3]，在夔州，诗人又写下"瞿塘峡口曲江头，万里风烟接素秋"。[4]在杜甫的心中是永远挥之不去的曲江记忆。

从杜甫这辈子来讲，公元758年曲江的春天，是杜甫生命档案中又一个特殊的春天。那一年，曲江的花开太艳，诗人的醉意太深；那一年，曲江的池水太满，诗人的愁情太深。

---

[1]见唐代杜甫《酬孟云卿》。更，（读 geng 一声）。

[2]见唐代杜甫《至德二载，甫自金光门出，间道归凤翔。乾元初，从左拾遗移华州掾，与亲故别，因出此门，有悲往事》。

[3]见唐代杜甫《寄杜位》。

[4]见唐代杜甫《秋兴八首》其六。

陆

洛阳寻友

一次与少时故友的重逢，引发了杜甫怎样的感怀？一首《赠卫八处士》，又吐露出他怎样的心声呢？

【文前按语】

公元 759 年，四十八岁的杜甫已是满头白发。疾病的折磨、如影随形的忧思，令本该如日中天的壮年诗人显得那么憔悴、那么衰老。结束了洛阳省亲的杜甫，贫病交加，就是在这样低沉的心境下，准备返回华州。可是，就在返回华州的途中，杜甫与少时故友卫八重逢了。

作为相识二十载的好友，想必他们年少之时，也是鲜衣怒马、意气风发。而当战火频频、时局动荡，历经岁月蹉跎，卫八已成归隐之士。在这次的短暂相聚之中，故友家宴的温馨、韶华往昔的逝去，都被杜甫写进了《赠卫八处士》这首诗中。那么，这次与故友的相聚，让杜甫产生了怎样的感慨？在诗作的背后，又藏着"诗圣"怎样的愁肠呢？

01

公元 759 年的春天，杜甫从洛阳返回华州，途中去朋友家串了个门，吃了个饭。要说这个餐桌，还真的蛮漂亮，烛光是红色的，韭菜是绿色的，饭里掺着黄米，是不是有点小资？有点浪漫？浪不浪漫我不敢说，咱们大伙儿来品一品：

> 人生不相见，动如参与商。
> 今夕复何夕，共此灯烛光。
> 少壮能几时？鬓发各已苍！
> 访旧半为鬼，惊呼热中肠。
> 焉知二十载，重上君子堂。
> 昔别君未婚，儿女忽成行。
> 怡然敬父执，问我来何方。
> 问答乃未已，驱儿罗酒浆。
> 夜雨剪春韭，新炊间黄粱。
> 主称会面难，一举累十觞。
> 十觞亦不醉，感子故意长。
> 明日隔山岳，世事两茫茫。[1]

---

[1]见唐代杜甫《赠卫八处士》。处，读（chu 四声）。士，读（shi 四声）。

这首诗入选了《唐诗三百首》，题目叫《赠卫八处士》。杜甫的这个朋友姓卫，在家族兄弟中排行第八，所以杜甫叫他"卫八"，又因为他隐居不仕，所以叫他"卫八处士"。

那杜甫和卫八有多少年没见了？"焉知二十载，重上君子堂"。唐诗当中有人写过，"十年离乱后，长大一相逢"，"浮云一别后，流水十年间"，十年已经够长了吧，二十年就更长了吧？这说明啥？杜甫和卫八可不是平淡之交，女人叫"闺蜜"，男人叫"发小"。再说，杜甫和卫八分别的二十年是何等"特殊"的二十年啊。这二十年间，卫八做了什么，我们无从知晓，但杜甫做了什么，咱们如数家珍啊。杜甫与卫八，一个四处奔走，心力交瘁；一个隐居山野，与世隔绝，他们原以为此生此世一个转身便是天涯。

所以，杜甫诗中开篇就非同凡响："人生不相见，动如参与商。"[1] 参星，傍晚出现在西方。商星，早上出现在东方。参商二星，此出彼没。有时人与人的分离就像参、商两大星宿，再见，可能再也不见。这十个字，看起来只是打了个比方，其实，诗人把人间的会面之难置入浩渺的宇宙时空，一下子拉到星辰远离的高度，平易之中蕴藏着

---

[1] 参，读 (shen 一声)。

一股奇突之气。

何况在干戈乱离、人命危浅的背景下，杜甫和卫八阔别多年，乱世重逢。这是不是令人百感交集，又觉得像做梦一样，显得那么不真实呢？难怪杜甫感慨不已："今夕复何夕，共此灯烛光"，今晚到底是个什么日子啊，让我们再度相聚？尽管这两句化用了《诗经》的句子，"今夕何夕，见此良人"，但它高度契合当时的真实感受。二人乍见，恍若隔世，烛光闪烁，摇曳迷离，诗人在烛光中注视老朋友，迅速想起曾经的少年游，再一打量，不免悲从中来，"少壮能几时？鬓发各已苍！"如今自己和朋友都不可逆转地变老了。

不知大家和我是不是有相同的体会，人在年轻的时候往往觉得青春似乎怎么挥霍都挥霍不完。"那时候天总是很蓝，日子总过得太慢。"可是年纪一大，才真的感觉日月穿梭。时光好不经用，抬眼已过半生。"少壮能几时？鬓发各已苍！"老杜把岁月的残酷性写到了极致。"访旧半为鬼，惊呼热中肠。"[1] 这两句的意思是说，杜甫这一路寻访老友，他非常惊讶地发现很多人已经永远离开了。当然，也可能是杜甫和卫八见面后，他俩念叨起这个，打听起那个，可是问一个，不在了，再问一个，也不在了，

---

[1]"访旧"句：意谓彼此打听故旧亲友，竟已死亡一半。访旧，一作"访问"。

一大半都不在了。昔日旧友的逝去引起杜甫深切的叹惋与沉痛的伤悼。"访旧半为鬼，惊呼热中肠。"这两句诗，放到从前，我是找不到感觉的。难怪有人说，杜甫总会在人生的某个时刻等着你。没错。近几年的老同学相聚，我们打开的是和杜甫同样的"回忆模式"，同样的"话聊模式"，我才真正明白杜甫当年内心烈火焚烧般的剧痛！真是：指缝太宽，时光太瘦，年少不懂诗中意，再读已是诗中人。

清代"性灵派"的代表袁枚，他评论最多且评价最高的诗人就是杜甫，他说："人必先有芬芳悱恻之怀，而后有沉郁顿挫之作。人但知杜少陵每饭不忘君，而不知其于友朋、弟妹、夫妻、儿女间，何在不一往情深耶？"[1] 是啊，老杜绝对是有情之人、重情之人、深情之人，你看他经过那么多战乱，目睹那么多死亡，但是诗人内心没有滋生丝毫的冷漠与麻木，杜甫对谁都那么好。

按照咱们中国人的人情观，家里来客人了，头等大事是啥呀？当然是张罗饭菜。接下来，全诗的基调换成了一段温暖的变奏。

---

[1] 出自袁枚《随园诗话》，北京： 人民文学出版社，2006 年版。

【编者语】

时过境迁，沧海桑田，曾经与杜甫一起策马扬鞭、挥斥方道的好友，如今却是散落各地，难以聚首。卫八也在岁月的打磨下，从当年的翩翩少年成为隐居农舍，独享一方天地的人父。那么，这次好友相聚，令杜甫体会到了怎样的温暖？餐桌中的韭菜，对杜甫来说又意味着什么呢？

02

岁月不能如初，你我不能如故。当年分别的时候，卫八还是个快乐的单身汉，如今从前的毛头小伙儿已是儿女成行。看到孩子，最让人产生岁月流逝感，何况卫八的孩子都长大了。孩子们非常礼貌非常恭敬，那一刻，他们都成了"最强气氛组"。当时很晚了，外面下着雨，朋友怎么招待杜甫呢？

主人披蓑戴笠，去自家菜园剪回一把韭菜。这韭菜绝对是纯绿色，无公害，非转基因。俗话说"正月葱，二月韭"，尤其头茬韭菜相当不错。"夜雨剪春韭，新炊间黄梁"。你看，杜甫没写割韭菜，写的是剪韭菜。这是实写。不过，这背后也藏着典故。

东汉时期有位名士，叫郭泰，长得高大帅气，淡泊名利，被誉为"介休三贤"之一、党人"八顾"之一。后来在家闭门讲学，弟子达千人。有一天大雨如注，友人范逵突然来访，郭泰以韭做菜，款待范逵，推杯换盏，谈笑甚欢。这就成了一段友人佳话。[1] 卫八和郭泰推出的是同一款菜品。"我有一瓢酒，可以慰风尘。我有一把韭，可以抚人心。"

酒热了，饭好了，杜甫在主宾席上落座。大家想，这不是三天两头的日常小聚，可以心平气和，可以浅斟低酌。作为主人的卫八怎么说呢？他说时逢乱世，见面不易，咱俩就多喝几杯吧。"主称会面难，一举累十觞。十觞亦不醉，感子故意长"。卫八拿起酒杯连干了十杯。十杯下去，还没有醉意，是因为酒量大吗？当然不是！是老友乍逢，情意太长，不是不醉，是不惜一醉，是拼却一醉，所以一杯一杯复一杯。"一举累十觞""十觞亦不醉"，反映了他们彼此的内心极不平静的情感。他两在同频的一个磁场互

---

[1]《郭林宗别传》记载说："有友人夜冒雨至，剪韭作炊饼食之。"朋友是范逵。《幼学琼林》：冒雨剪韭，郭林宗款友情殷；踏雪寻梅，孟浩然自娱兴雅。郭林宗宗切款待友人，亲自冒雨去菜园剪韭菜；孟浩然诗怀旷达，踏雪寻梅自我娱乐雅兴不凡。

动，只有两个人的酒局，竟然喝出了高潮。可是，当我们读到结尾，心禁不住往下沉了。"明日隔山岳，世事两茫茫。"明天我就要再踏旅途，隔山断水，今日一别，后会难期！真是有说不出的感慨！相聚总是太短，离别总是太长。上次阔别，相逢已属万幸；此次一别，再见又会是什么时候？

我觉得，在唐代诗人当中，写人情写得最好的首推杜甫。有些书，我们读它是用来谋生的，它是我们生存的必修课；有些书，我们读它是用来修心的，就像老杜的诗，它是心灵SPA，是一种全方位的美学唤醒。杜甫把真善美熔炼在那个不真、不善、不美的乱世。杜甫交友非常广泛，可以跨界、可以跨龄、无关地位、无论穷达，"人生交契无老少，论心何必先同调。"[1] 这首《赠卫八处士》之所以成为经典，在我看来，第一，这首诗平白如话，没有一点"秀"的色彩。暖意融融的烛光，热气腾腾的米饭，春雨霏霏的夜晚，这些都是普普通通的情景。第二，杜甫将一次久别重逢写得荡气回肠。

大家看，从一开始"今夕复何夕，共此灯烛光"的恍惚迷离，到"访旧半为鬼，惊呼热中肠"的悲喜交加，到

[1] 见唐代杜甫《徒步归行》。

"夜雨剪春韭，新炊间黄粱"的宁静温馨，再到"十觞亦不醉，感子故意长"的心潮澎湃，最后到"明日隔山岳，世事两茫茫"的叹惋唏嘘，一首《赠卫八处士》把老杜情绪的跌宕起伏表现得淋漓尽致。开篇怎么说？"人生不相见，动如参与商"。结尾怎么说？"明日隔山岳，世事两茫茫"。篇末的山岳，篇首的星辰，世事难料，遥相呼应，不是阅尽千帆能体会到的吗？谁不是拥有一个有长度的人生，当你千辛万苦地打开一扇门，发现前方不是金光大道，门后横着一堵冰冷的墙。纵使层层阻隔，乱世中的幸存与重逢都那么弥足珍贵，这就是老杜诗中文字的力量。清代学者评价杜诗，说"吐弃到人所不能吐弃为高，涵茹到人所不能涵茹为大，曲折到人所不能曲折为深。"[1]深微曲折，写出离乱之人的心底微澜，特别契合这首《赠卫八处士》。

咱们回到开头的问题，洛阳寻友，旧雨重逢，是不是很小资很浪漫呢？

有人说，古人认为春韭是上等的好菜，比方说，"春初早韭，秋末晚菘。"[2]早春的韭菜和晚秋的白菜最为鲜

---

[1] 见清代刘熙载《艺概·诗概》。

[2] 南朝周颙隐居在南京钟山，卫将军王俭问他："您在山中吃什么？"他回答："赤米白盐，绿葵紫蓼。"文惠太子萧长懋问他："菜食何味最胜？"他的回答是："春初早韭，秋末晚菘。"

嫩可口。卫八招待杜甫的这顿菜，档次不低啊。我觉得，杜甫当时吃的韭菜未必水灵灵的，米饭也未必香喷喷的。在古代，待客的最高规格应该是杀鸡，轮不到韭菜充当主菜。"故人具鸡黍，邀我至田家"，如果是金樽清酒、玉盘珍馐，烹羊宰牛，就更奢华了。杜甫的酒桌那么朴素，杜甫为啥还那么感动？吃啥不重要，重要的是和谁吃。一顿最小的小吃，有时胜过一顿最大的大餐。青青的韭菜带着冷雨，黄黄的米饭冒着热气。他们不是惊艳了彼此的时光，而是温暖了乱世的苍凉。杜甫与卫八的相聚夜饮精准提供了情绪价值，彼此融化，彼此治愈。

所以，他们的相聚不是小资且浪漫，而是温暖且感伤。世事沧桑，语短情长。每个人都有自己的去路。"明日巴陵道，秋山又几重"[1]。"马首向何处，夕阳千万峰"[2]。"数声风笛离亭晚，君向潇湘我向秦。[3]"这样的分道扬镳，多像杜甫与卫八的今日之会、明日之别。今夕是何夕，何夕是今夕？除了这首诗字面上这些显性的感伤，杜甫还有哪些隐性的感伤呢？

[1] 见唐代李益《喜见外弟又言别》。

[2] 见唐代权德舆《岭上逢久别者又别》。

[3] 见唐代郑谷《淮上与友人别》。

【编者语】

　　自移家长安以来,杜甫已有多年未回洛阳故宅,和亲人也已离散很久了。青年时代对洛阳的厌离情绪早已不见,取而代之的是持续的追忆和思念。诗中的洛阳不再是浮华的名利场,而是有亲朋好友相伴的美好家园。那么,杜甫这次洛阳省亲是否能够如愿与亲友相见?从《赠卫八处士》这首诗中,我们还能体会到杜甫哪些隐性的感伤呢?

03

　　第一重感伤:洛阳省亲,亲人在哪里?

　　卫八处士的孩子以晚辈之礼接待杜甫,还关心地询问:"先生是从哪里过来的? 一路上还顺利吧?"等等。"怡然敬父执,问我来何方"。那杜甫是从哪来的呢? 从洛阳来。杜甫去洛阳省亲,要返回华州,途中拜访一下自己的老友。

　　提到杜甫和洛阳的关系,不得不说,杜甫和洛阳的感情太深。因为杜甫的童年和青少年时代大部分在洛阳度过。那个时候,洛阳正处于大唐的鼎盛期,洛阳的帝都之象一点都不输给长安。洛阳好比如今的北上广，好多知名诗人都在洛阳流连过。洛阳的花也被很多诗人写进了诗里，洛阳简直是个花园城市。

杜甫的人生开局真不错。年少的杜甫成功打入洛阳文人的社交网络。岐王宅里，崔九堂前，杜甫参加了彼时著名的文艺沙龙。当杜甫意气风发地壮游四方，已经显示出青年的锐不可当，一副青春无畏的模样。那个时候的杜甫也带有李白身上的某些气质，似乎借他一两风就能圆他八千梦。

在首阳山下，杜甫祖上留下来一块庄园，被称作陆浑庄。后来杜甫在这修了一座院落，他在诗中经常提起这个地方。[1] 要说这个地方有点意思，相传是祝鸡翁的家乡，杜甫诗里提到过祝鸡翁的故事。[2] 这个祝鸡翁，养鸡一百多年，有一千多只鸡，他给每只鸡都起了名字，相当于每只鸡都有自己的昵称，这些鸡晚上到树上栖息，白天哪都溜达。如果祝鸡翁召唤鸡的名字，这些鸡会像听懂了一样应声跑回来。所以，这样一个仙风道骨的人物更像一个禽类专家。

---

[1] 公元 741 年。偃师故庐、尸乡土室、土娄旧庄，到底是不是同一个地方，目前学界有争议。

[2] 杜甫有诗云："尸乡余土室，谁话祝鸡翁？"

　　这次回洛阳，杜甫原本是非常开心的，"洛阳大道时再清，累日喜得俱东行。"[1]这个时候，洛阳已经收复了。那洛阳的市容市貌怎么样呢？经过兵火洗劫，早已不是从前的模样。杜甫来到阔别多年的老宅——首阳山下的陆浑庄，这里也是荒芜破败，触目惊心。杜甫的亲人呢？别说咱们不知道，就连杜甫都不知道。八方离散，音信渺茫。

　　杜甫有个弟弟叫杜颖，这哥俩好多年没见了。弟弟正在山东济州逃难。那个时代没有微信、视频，纵使兄弟之间手足情深，然而两地阻隔，济州一带人烟稀少，加上遍地都是安史叛军，想要兄弟会面，真的难上加难！当杜甫看到春天的花又开，春日的鸟又来，他倍加伤心！兵荒马乱，真的不知道明天和意外哪一个先来。环顾老屋，杜甫想弟弟了，如果说思念也有声音，那杜甫的思念一定震耳欲聋。内心种种的遗憾如何化解呢？只有将它们融入滚滚东流的江河中吧，"即今千种恨，惟共水东流"[2]。杜甫又听说，小时候超聪明超可爱的从弟死于战乱之中。杜甫沉痛写下："面上三年土，春风草又生"[3]。大家看，杜甫惦记他的老家，这是杜甫魂牵梦绕的地方，可是，一场

---

[1] 见唐代杜甫《李鄠县丈人胡马行》。

[2] 见唐代杜甫《忆弟二首（时归在南陆浑庄）》。

[3] 见唐代杜甫《不归》。

大乱，骨肉、至亲，走的走，散的散，逃的逃，亡的亡。

我们说，如果一个人只爱自己，他一定不可爱。作为"情圣"的杜甫，始终将自己与家人的命运紧密连接。有诗评家说："具得胸襟，人品必高。人品既高，其一謦一欬，一挥一洒，必有过人处。"[1] 当初的繁华着锦，如今的举目皆悲。杜甫的亲情诗非常感人。无论对家族长辈还是对同胞手足，杜甫都报以拳拳深情和殷殷至爱，侠义中见柔情，惨淡中寓热忱。我们知道，儒家思想的一大特点就是"重伦理"，包括个人伦理、家庭伦理、国家伦理乃至天人合一的宇宙伦理。杜甫诗歌的伦理维度涉及天地宇宙、家国君民、亲朋乡邻、个体身心，至宽至广、至厚至深，我们也从中看到了杜甫的至情至性、至善至真。

洛阳和杜甫的缘分太深了，对杜甫的影响也非常大。中原文化之根是河洛文化，而河洛文化的集中表现则在洛阳文化。这次回洛阳，可能连杜甫自己都没想到，这竟然是最后的一次。漂泊西南之后，诗人写道"洛城一别四千里，胡骑长驱五六年"，"即从巴峡穿巫峡，便下襄阳向洛阳"，"冬至至后日初长，远在剑南思洛阳"，"九度附书向洛阳，十年骨肉无消息"[2]，可以说，人间流浪，杜甫只属于远方。

---

[1] 出自清代薛雪《一瓢诗话》。一謦，读（qing 三声）。一欬，读（kai 四声），一声一声地咳嗽，引申为言笑。

[2] 见唐代杜甫《天边行》。

洛阳有多远，乡愁就有多长。洛阳从此成了杜甫一辈子都回不去的故乡。

洛阳省亲，亲人不在，除了这一点，杜甫还有哪些感伤呢？

04

第二重感伤：华州报到，报到又怎样？

《赠卫八处士》这首诗被基本认定为作于公元759年的春天。杜甫这一年48岁[1]，身份是华州司功参军。华州在哪呢？华州就是今天的陕西华县。杜甫是怎么来到华州的呢？由于杜甫为房琯上书求情，随着朝廷派系斗争的加剧，房琯这些玄宗旧臣就成了首当其冲的处理对象。杜甫也被调任到华州[2]。其实，说得好听一点，叫调任；说得不好听一点，叫放逐。所以，华州相当于杜甫的贬所。

华州任上是杜甫官宦生涯的一次重大变动，也是一次重大挫折。在此之前，杜甫是啥身份？左拾遗。从拾遗到参军，这意味着杜甫左拾遗政治生涯的结束，他由皇帝的

---

[1] 虚岁。

[2] 乾元元年（758）六月。

近臣变成了地方的官员。那华州司功参军是干啥的呢？他主要负责华州一带的文教事务，包括礼乐、祭祀、学校、选举啊、考课[1]、丧葬等等。在这些"子项目"当中，大家不熟悉的应该是"考课"，考课就是对华州所有官员的人事管理和绩效考核工作，比方说，哪个人记过，哪个人记功，哪个人该升，哪个人该降。业务挺琐碎，也挺烧脑。杜甫的心情怎么样呢？

当时杜甫来到华州正逢七月酷暑，烈日灼人，白天苍蝇成堆，夜晚蝎子出没，杜甫每天还要穿戴整齐，相当于穿着正式的"工作服"去上班，加之往来文书堆积如山，杜甫诗中说，他的心情一度非常糟糕，他快热死了，快累死了，快烦死了，"束带发狂欲大叫。"[2] 可能有人觉得，"诗圣"的形象有点令人大跌眼镜啊。我们真的不能用完人的标尺去绑架谁，杜甫也是凡人，他并非什么钢筋铁骨，他一样是血肉之躯，甚至他的脾气比咱们来得还要凶猛。大家想，"物系人情""情随境转"，难道杜甫不能忍受的只是酷热难耐吗？只是公务缠身吗？杜甫心知肚明，外迁华州，某种程度已经成了"被抛弃的人"。红尘路远，世事芜杂，多重情感层层叠加，诗人的心理痛点非常密集。

---

[1] 考课，按一定的标准对官吏的政绩进行考核，以决定其升降赏罚。

[2] 见唐代杜甫《早秋苦热堆案相仍》。

我想强调的是，即使是这样，杜甫仍然密切关注朝廷大局，比方说，他处心积虑，上书表达自己的用兵策略，主张深入敌后，四面交攻，"避实击虚"，一举歼灭残寇，不给叛军半点喘息的机会。杜甫不光有文字阐释，还有配图说明，[1] 良苦用心，跃然纸上。爱国真的不是随随便便喊几句空洞的口号。哪怕风雨如晦，始终初心如磐。这才是杜甫最值得我们尊敬的地方。

有学者指出："一部杜诗，不只是他那个时代的'诗史'，同时也是诗人自己的年谱。"[2] 没错，被贬华州，洛阳省亲，旧雨重逢，这是杜甫生平非常彷徨的一个阶段。在那个光怪陆离的人间，没有谁可以将日子过得行云流水。何况是杜甫呢？但是，即使杜甫的梦想一次次被刷新底线，但他对国计民生的关注仍痴心不改。正如余光中先生说："好沉重啊，你的行囊，其实什么也没带。除了秦中百姓的号哭，安禄山踏碎的山河，你要用格律来修补"[3]。杜甫的底层情绪真的非常复杂：家事国事天下事，事事关心。家事国事天下事，事事揪心。

第三重感伤：净洗甲兵，何时能洗净？

---

[1] 见唐代杜甫《为华州郭使君进灭残寇形势图状》。

[2] 出自萧涤非《杜甫诗选注》。

[3] 出自余光中《草堂祭杜甫》。

杜甫在写《赠卫八处士》的前前后后，他还写过一首长诗《洗兵马》。这首诗写得非常棒，苍劲阔大，气骨沉雄。此时，安史之乱已经持续了三年。"三年笛里关山月，万国兵前草木风"。[1] 三年以来，战歌不绝，四面八方，草木皆兵。大家看，老杜的诗写得多好，仅此一句"三年笛里关山月"，是不是恍如江楼闻笛，恍如关塞鸣笳，淋漓悲壮，声犹在耳？既有文学性，又有概括力，写出了千万百姓饱受战乱之苦。在这个漆黑的年月，人人都盼着天亮。

　　那三年的拉锯战，此时战况有没有点转机呢？当然，杜甫也看到几个月来国家发生的重大事件。尤其是两京收复，长安洛阳已经夺回。叛军形势一片大坏，官军形势一片大好！杜甫猛地精神一振，他要为之欢，也要为之呼！不知道老杜在心里喊了多少次：长安，加油！杜甫在诗中大力肯定那些扛起复兴大任的英雄，对朔方节度使郭子仪的谋略，司徒李光弼的明察、尚书王思礼的气度，全部加以五星好评，赞美他们本为重整乾坤，应运而生。杜甫在篇末唱出他的渴望："安得壮士挽天河，净洗甲兵长不用！"

---

[1] 见唐代杜甫《洗兵马》。《洗兵马》的创作年代有三种说法：作于至德二载（757年）秋收京之后，作于乾元元年（758年）春，作于乾元二年（759年）春。本文采纳第三种说法。

哪里能得到壮士引来天河水，净洗甲兵，天下太平！[1] 到底能不能"净洗甲兵"呢？

从时局来看，当时叛军正在困守邺城，所以杜甫信心满满地说："祗残邺城不日得"[2]。意思是说，官军拿下邺城，指日可待。可是，就在杜甫从洛阳返回华州这个时间点，九节度使竟然大败邺城。由此，仕途陷入低潮的杜甫，他的诗歌创作冲上了全新的美学高度，甚至有人说，打这之后，唐代诗人有一个算一个，很少有超过杜甫的了。那杜甫看了啥，又写了啥呢？

---

[1] 关于《洗兵马》的创作主旨，历来有不同说法：讽刺说、歌颂说、歌颂中有规讽说。

[2] 见唐代杜甫《洗兵马》。

柒
———

华州任上

杜甫从洛阳返回华州，这一路上他看
到了哪些场景？为何会写下名垂千古
的「三吏」「三别」呢？

· 141 ·

【文前按语】

杜甫有过科举落第、穷苦无依的悲惨遭遇，也有过漫游吴越、皇上亲授的辉煌经历。不论是巅峰还是低谷，这些经历都影响着杜甫的精神世界。

公元759年，杜甫正从洛阳返回华州的途中，此时"安史之乱"的烽火已经燃烧了五个年头。在杜甫的笔下，老妪不得不走上战场，新娘不得不送别郎君，少年不得不加入出征的行列。诗人从不同年龄、不同身份的普通百姓出发，亲笔记录着战争的真实面目，亲身感受着国危亡、民离散。《三吏》《三别》的问世，标志着杜甫的诗歌在思想和艺术上都达到了一个新的高峰。

那么，杜甫的这些亲眼所见，究竟有多么凄惨?《三吏》《三别》在古代诗歌史上，到底具有怎样的文化分量呢?

01

有人说，乾元二年是一座大关，在这年以前，杜甫的诗还没有超过唐代其他的诗人；在这年以后，唐代的诗人便很少有超过杜甫的了。[1] 这个论断听起来真是觉得敞亮，杜甫的诗歌高度当然不是一步登顶，其中有过一个提速期，来了一把巨大的"反超""反转"，这个时间节点被火眼金睛的学者抓住了。乾元二年是哪一年呢？公元759年。

从杜甫这辈子来讲，公元759年是杜甫最折腾的一年，为啥这么讲？杜甫在这一年间从洛阳回华州，从华州去秦州，从秦州去同谷，从同谷又赴成都，折腾了四回，杜甫的原话是："一岁四行役"[2]，咱们且不说老杜飞得有多高，咱就说他飞得有多累。

在这"一岁四行役"当中，咱们先来聊聊第一行役，杜甫从洛阳回华州，从省份上说，这是从河南回陕西，[3] 所以杜甫是一路向西，具体路线是：洛阳（出发）→新安县→石壕村→潼关→（抵达）华州。

在这个路线图里，大家是不是发现了你们非常熟悉的

---

[1] 朱东润《杜甫叙论》，北京：人民文学出版社2006年版，第87页。

[2] 见唐代杜甫《发同谷县》，"奈何迫物累，一岁四行役"。

[3] 华州，陕西华县。

地名：新安县、石壕村、潼关。那杜甫一路奔走，他看到的主画面是啥呢？途经之处几乎"一盘棋"，处处在备战，处处在征兵。于是，杜甫真实客观地写了下来。过新安，杜甫写下《新安吏》；过石壕村，杜甫写下《石壕吏》；过潼关，杜甫写下《潼关吏》。这组诗在文学史上非常有名，《新安吏》《石壕吏》《潼关吏》统称"三吏"。

新安在哪呢？洛阳往西几十里地就到了。就在这儿，杜甫听到一片喧哗，原来县吏正在征兵。一提到征兵场景，咱们都不陌生吧？杜甫曾经描述说："耶娘妻子走相送，尘埃不见咸阳桥。牵衣顿足拦道哭，哭声直上干云霄。"[1]这一惨剧在新安重复上演。可是，杜甫再一看，不对劲啊，在这次即将出征的人群里，全都是一些十几岁的半大孩子，诗人不禁心头一颤，杜甫就向征兵的县吏问话："新安县虽然是个小县，难道再也没有丁男了吗？"县吏解释说："这连年征兵，丁男早都征光了，州府昨天晚上下达紧急公文，按照年龄依次往下推，所以，只能靠这些中男来完成指标。"

杜甫把目光重新聚焦到这个"中男"的队伍。他再一打量，这些"中男"里有胖的，有瘦的，杜甫把那些胖孩子叫"肥男"，把那些瘦孩子叫"瘦男"。那些胖孩子呢，他们有妈妈前来送行。可是那些瘦孩子，连个送的人都没

---

[1] 见唐代杜甫《兵车行》。

有："肥男有母送，瘦男独伶俜"[1]。大家注意到没有，这个"肥"和"瘦"，虽然老杜这个字眼下得有点俗，但是此处细节我们不可轻易放过："肥男有母送"，为啥是母亲送，而不是父亲送？这里隐藏了什么信息？假如爸爸在，还用抓孩子吗？所以，父亲要么当兵了，要么阵亡了。"瘦男独伶俜"，瘦小的男孩已经无亲无靠，既瘦骨伶仃，又孤苦伶仃。

大家想，在那样的背景下，妈妈们和孩子告别，这一别，大概率就是生死诀别。所以，我们不难想象，妈妈们捶胸顿足，肝肺欲裂。这个时候天色已近黄昏，"白水暮东流，青山犹哭声"[2]！白水在暮色中无语东流，青山下，送行的哭声还在回响。青山白水都仿佛呜咽不止。如泣如诉，似真似幻，我觉得，对于这两句诗，纵使铁石之人读罢，都不免惊心动魄。

此时此景，杜甫能做点啥呢？他只能给那些哭泣的人送去安慰，杜甫说："大伙都别哭了，别哭坏了眼睛，哭坏了身子。哎，大家都把眼泪收起来吧，就算把眼泪哭干，把眼睛哭烂，也终归得不到怜悯，得不到救赎啊。"

莫自使眼枯，收汝泪纵横。眼枯即见骨，天地终无情！

---

[1] 见唐代杜甫《新安吏》。
[2] 见唐代杜甫《新安吏》。

大家看，到了这个时候，杜甫的悲痛之情层层加深，再层层推进，诗人温暖而又愤慨的一笔，仿佛瞬间就煞住了所有人奔涌的眼泪。

肥男有母送，瘦男独伶俜。白水暮东流，青山犹哭声。

莫自使眼枯，收汝泪纵横。眼枯即见骨，天地终无情！

大家再看，此时的杜甫好比一个战地记者，肥男、瘦男、有母、无母，细细写来，何等心细！泪水滂沱，青山犹哭，眼枯见骨，天地无情，笔笔递进，何等笔力！按照我个人的阅读体验，这首诗写到这里已经挑起全篇的情感波澜，而且意在言外，完全可以停笔了。杜甫的笔没有停。为什么？

【编者语】

在华州时期，杜甫虽然在仕途上屡遭不顺，但仍旧心怀一颗报国之心。可是在时代的洪流中，一个人纵有经天纬地之志，却无扭转乾坤之力，杜甫尚且如此，更何况是普通的百姓。面对新安吏的征兵，杜甫的一句"天地终无情"的感叹背后，饱含了他怎样的忧国忧民之思呢？

02

"莫自使眼枯，收汝泪纵横。眼枯即见骨，天地终无情！"写到这儿，杜甫虽然有温度，也有态度，但是还不够。所以，我们需要追加一个问题，杜甫需要回答一个问题。

我们的问题是：新安吏为啥如此大面积征兵？

在《新安吏》中，尽管出现杜甫与官吏的对话，这是作者的有意设计，具有艺术加工的成分，不过，这一事实绝非虚构。公元759年，已经是安史之乱的第5年，此时官军又一次遭到重创，这次重创，我把它概括为"邺城之殇"。接下来咱们简略复盘一下这个过程，官军是怎么由邺城之战再到邺城之败。

根据《资治通鉴》的记载，在杜甫写作这首诗的前一年[1]，大唐调集了九大节度使，兵合一处，围攻叛军驻守的邺城[2]。在这九大节度使当中，有几个名声震天响的人物，比方说，朔方节度使郭子仪、河东节度使李光弼、安西北庭节度使李嗣业。可是，围困数月，邺城久攻不下。为啥呢？唐肃宗原本认为，此战能够速战速决，但是他又不放心，于是玩起了帝王权术，诸军不设统帅，而是任命

---

[1] 具体时间为公元758年9月21日。

[2] 邺城，即相州，治所在今河南安阳。指安庆绪的叛军。

一个宦官[1]监军，这就使得各自为战，群龙无首，再加之粮食不足，士气低落。[2]

两军相持，一直相持到了次年[3]，也就是公元759年的三月，等叛军的援军到了，[4]在安阳河北岸，双方火力全开，势均力敌。可是，开战没多久，坏了，郭子仪还没来得及排兵布阵，突然一场狂风骤起，顿时天昏地暗，飞沙走石，树木拔起，人马惊骇。两军大为慌乱，唐军南奔，叛军北窜。就这样，官军步兵骑兵一共60万，全线崩溃。接下来，郭子仪的军队退保东都洛阳。叛军的兵峰又开始威胁洛阳，局势非常紧张。那这个时候，兵力是不是亟待补充？于是朝廷下令征兵。杜甫这回在新安，他所目睹的征兵现场就发生在邺城大败这一时段。

杜甫需要回答的问题是：他是怎么看待这次征兵的？诗人会输出怎样的战争观？

"中男绝短小，何以守王城？"中男要比丁男小4岁。唐玄宗天宝年间，二十二岁为丁。[5]按照唐朝的兵役制度，

---

[1] 指鱼朝恩。

[2] 出自《资治通鉴·卷221》。

[3] 公元759年。

[4] 指史思明的援军。

[5] 唐高祖武德七年（624年）定制：男女十六岁为中男，二十一岁为丁。至唐玄宗天宝三年（744年），又有改动。上海辞书出版社文学鉴赏辞典编纂中心《杜甫诗歌鉴赏辞典》，上海：上海辞书出版社，2020年版，第123页。

丁男才有义务服兵役，这些中男都没到服兵役的年龄。诗人非常悲慨和极度同情。这帮娃娃兵怎么能去行军打仗，怎么能保家卫国？可是没有办法啊，王城指的是洛阳。洛阳一带人口锐减，早已"人烟断绝，千里萧条"[1]，征丁相当艰难，所以，只能靠这些不合格的"中男"充数。诗人的愤怒已达"沸点"："莫自使眼枯，收汝泪纵横。眼枯即见骨，天地终无情！"大家想，真的是天地无情吗？哪里是天地无情啊！此时的杜甫，不隐民苦，也不讳君过，好一个"天地终无情"，诗人甩出"天地"一语直接来影射朝廷。朝廷昏庸、叛军乱起，难道战争造成的灾难要全部推向人民吗？要全部让无辜的百姓买单吗？

大家说，面对新安史的征兵，杜甫矛盾不矛盾？太矛盾了。一边是时局，一边是民生；二者在当时尖锐地并存，杜甫的心灵也在激烈地交战。这让杜甫怎么办？杜甫还能怎么办？于是，杜甫继续宽慰前来送行的家长。大意是说：前线目前没有那么苦，粮食也差不多够吃，各位别哭了，这些孩子去了，他们也就是挖挖战壕啥的，战壕挖得很浅，牧马的活儿也挺轻，再说仆射郭子仪，这人也不错："况乃王师顺，抚养甚分明。送行勿泣血，仆射如父兄"。

由此可见，杜甫的战争观具体体现为两重性：战争性

---

[1] 出自《旧唐书·郭子仪传》。

质不同，杜甫对待战争的态度就不同。当唐玄宗穷兵黩武好大喜功，杜甫就毫不犹豫地加以批判，旗帜鲜明地表达自己的反战立场。可是，当战争宗旨是为了平息叛乱，是为了挽救国家命运，比如这里的新安县征兵，哪怕诗人心如刀绞，他也要鼓励民众，支持平叛。

【编者语】

在杜甫看来，为平叛"安史之乱"而参战，是为挽救国家命运，值得鼓励；但来到石壕村，看到比新安更加凄惨的场景，让他无法再说出任何劝慰的话语，也更切身感受到了民生疾苦。那么，从"暮投石壕村"到"天明登前途"，这一晚上发生了什么事，令杜甫产生这种转变呢？

03

杜甫离开新安县，继续往西走，大约又过了六十多公里，傍晚的时候来到一个村子，名叫"石壕村"，报出石壕村这个村名，我敢说，石壕村发生的一幕，我们没有一个人不知道。如果说新安县还算抽丁，石壕村则变成了赤裸裸的抓丁，而且官吏们晚上偷偷进村，连年迈的老太太都不放过。

有学生问过我，说杜甫在新安，他还鼓励那些"中男"走上前线，这次跳墙的老翁逃跑后又回来了，杜甫怎么就不再鼓励了呢？学生这个问题，说句大实话，很有挑战性。

我的回答是，首先，石壕村的征兵和新安县的征兵，二者属性是一样的。杜甫在《石壕吏》中给老妇人的台词最多，其中有两句"急应河阳役，犹得备晨炊"。为啥说"急应河阳[1]役"？咱们刚才说了，邺城大败，接下来，郭子仪命令朔方军切断河阳桥，以确保东都安全。可是，这次官兵溃败到什么程度？史书上说"战马万千，唯存三千；甲仗十万，遗弃殆尽。"[2]万匹战马仅剩三千，十万盔甲兵器所剩无几。由此可见，邺城一败是官军的一次转折性失败，此诚存亡危急之秋。杜甫所见石壕村的征兵就发生在这样一个特殊的时刻。这么说，问题还是没有解决。既然性质相同，杜甫的态度为啥不同？我个人的观点是，石壕村一家人已经到了什么境地，我把它总结为五个"至极"：

---

[1] 河阳，今河南孟州市西。

[2] 出自《资治通鉴》。

（1）惊恐至极："暮投石壕村，有吏夜捉人"。一对老夫老妻，吓得惊恐至极。

（2）悲惨至极："三男邺城戍，二男新战死"。一户人家，连丧二子，悲惨至极。

（3）贫困至极："有孙母未去，出入无完裙"。年轻的儿媳，衣不蔽体，贫困至极。

（4）无奈至极："老妪力虽衰，请从吏夜归"，老妇哀求无效，无奈至极。

（5）孤苦至极："天明登前途，独与老翁别。"老妪生死难卜，老翁形单影只，孤苦至极。

大家看，这五个"至极"，石壕村这家人还有活路吗？正如清代研究杜诗的大学者仇兆鳌说：诗云三男戍，二男死，孙方乳，媳无裙，翁逾墙，妇夜往。一家之中，父子、兄弟、祖孙、姑媳残酷至此，民不聊生极矣。当时唐祚亦岌岌乎危哉。[1]

所以，此时的杜甫更加两难了，对于人民的痛苦，他无法视而不见。垂危的国运，他不能无动于衷。杜甫同不同情人民？不仅同情，那是无比同情。痛彻骨髓，直达肺腑。可是这个仗，不打行不行？不仅不行，而且是绝对不行。

---

[1] 出自仇兆鳌《杜诗详注》，北京：中华书局，443 页。

救亡图存，迫在眉睫。黎民，民不聊生，杜甫忧民；国家，动荡不安，杜甫忧国。然而，忧国忧民的杜甫，正是由于这五个"至极"，诗人实在看不下去了。他还能鼓励吗？他不再鼓励，也无法鼓励。

一个小小的石壕村，因为老杜住了一个晚上，变成了中国古代名气最大的村子。一篇《石壕吏》，诗中流淌的是真历史，它的思想价值、人文情怀如同草蛇灰线，伏脉千里，它的社会意义远远溢出了诗歌本身。

杜甫离开石壕村继续西行，他来到潼关。这里，许多士兵正在筑城。有官吏告诉杜甫说，那些防御工事高耸入云，即使飞鸟都不能逾越。这让杜甫想起三年前的一场败仗。哥舒翰迫不得已领兵出城，结果全军覆没。于是，杜甫又写下《潼关吏》。

记得有段时间，有人说杜甫不行了，为啥呢？说杜甫的诗不是发牢骚就是负能量，没啥意境，也没啥文采。我吃惊地发现，竟然有一大堆"无脑点赞"者，他们从来不加思考，乖乖地被别人带偏。说老杜的诗没文采，"迟日江山丽，春风花草香"明不明媚？"瓢弃樽无绿，炉存火似红"孤不孤独？"星垂平野阔，月涌大江流"凄不凄怆？"请看石上藤萝月，已映洲前芦荻花"缠不缠绵？"野哭千家闻战伐，夷歌数处起渔樵"苍不苍凉？"香稻啄馀鹦鹓粒，碧梧栖老凤凰枝"尖不尖端？不信大家去阅读全唐诗，最精妙绝伦的对仗十之七八都是老杜写的。

如果以武喻文的话，我觉得老杜的诗就好比金庸武侠里的武功招式，既有五毒神掌，也有九阴真经；既有天山折梅手，也有回风拂柳刀；既能甩开七弦无形剑，也能使出泰山十八盘。

回到这"三吏"，确实没太多文采，反倒出现了5处不同的眼泪，大家注意看：妇啼一何苦！如闻泣幽咽。青山犹哭声。收妆泪纵横。送行勿泣血。这里有啼有泣有哭有泪，百姓在流泪，诗人也在流泪。所以，明末学者有个颇为精辟的说法，他说："上数章诗，非亲见不能作；他人虽亲见，亦不能作。公往来东都，目击成诗，若有神使之，遂下千年之泪。"[1]大家想，所谓的"文采"，在这"千年之泪"面前是不是太肤浅了呢？

白居易说："诗者，根情、苗言、花声、实义。"[2]如果把一首诗比喻成一棵大树，语言是苗，声音是花，义理是果，那根在哪？情感是根。没有情感，诗就成了无本之木，杜甫的这类作品就是以感情夺人。时代的沟壑有多深，杜甫的哀愁就有多深。如果大海能够带走我的哀愁，

---

[1] 出自王嗣奭《杜臆·卷三》。
[2] 见唐代白居易《与元九书》。

就让他全部带走。清人沈德潜说："有第一等襟抱，第一等学识，斯有第一等真诗。"[1] 杜甫就是具有第一等襟抱的诗人，他的作品必然是第一等真诗。我每每从他的诗中，似乎总能感受到诗人真实的呼吸、真实的心跳。中国从来没有一个文人像杜甫那样告诉全社会苦难存在的方位和苦难存在的形态。余秋雨先生说，"后来中国文人在面对民间疾苦所产生的心理程序，至少有一半与杜甫有关。中国文化因为有过杜甫，增添了不少善的成分"。

04

　　杜甫真的看不得一战再战，一别再别。从内容来说，"三吏"侧重写征兵，隐藏离别；"三别"侧重写离别，隐藏征兵，这是一个问题的两个侧面。

　　都说当上新娘的那一天是一个女人最漂亮最幸福的一天，新婚燕尔，谁不畅想永结同心，百年好合，可是，善良忠贞的新娘不得不洗去红妆，勉励新婚丈夫走上战场。杜甫化身为新娘，用新娘的口吻说着私房话，一共有 7 处，

---

[1] 出自清代沈德潜《说诗晬语》。

"频频呼君,几于一声一泪"[1]:结发为君妻,席不暖君床。君行虽不远,君今往死地,誓欲随君去,对君洗红妆。与君永相望。新婚之后竟是生离死别!这就是《新婚别》。一位老翁,已经全家阵亡,他年迈老朽,以垂暮之年被征入伍,老人不得不投杖从军,与他的老妻依依惜别。这就是《垂老别》。一个老兵,邺城归来,刚一回村,又被抓走,既无人为他送别,又无人可以告别,这就是《无家别》。

《新婚别》《垂老别》《无家别》,合称"三别"。

接下来的问题是,咱们经常提到"代表作"这个词,各行各业都有代表作。通常代表作都具有公信力,具有辨识度,就好像某某服装的爆款、某某菜系的招牌、某某歌手的金曲。那杜甫的代表作是啥?杜甫的代表作太多,但是不管经过几轮投票,"三吏""三别"肯定"零悬念",成功入围。为什么?

"三吏""三别",具体来说属于新题乐府。新题乐府,它是相对于古题乐府而言的。新题乐府的"新"主要体现在,杜甫在吸收汉乐府精神实质以及艺术形式的同时,即事名篇,无复依傍。啥意思呢?就是说,杜甫能够结合自己的所见所闻自创新题,书写时事,比方说看到新安县抓兵就写《新安吏》,看到石壕村抓兵就写《石壕吏》,针砭现实、

---

[1] 见清代仇兆鳌著《杜诗详注》,北京:中华书局 1979 年版,第 533 页。

指斥时弊。诗人就是围绕邺城之败这一中心事件，上悯国难，下痛民艰。"民为贵，君为轻"，那些底层老百姓在杜甫的笔下由"群演"一步冲到主角的位置。"三吏""三别"平平而起，语语落实，看上去笔势平缓，却如浅水引舟，渐入深流，直指人心。

不知大家想过没有，杜甫家里人是不用服兵役的，"生常免租税，名不隶征伐"，所以，杜甫心疼的人和他不沾亲带故，难怪有人说，杜甫是亿万苍生的最强"嘴替"，他可以代替一切不幸者表达一切情绪。当冰冷的现实把杜甫从九重宫阙拉回苦难人间，杜甫凭借一颗仁者之心，凭借一支如椽巨笔，一跃成为和百姓肩并肩的大诗人，"三吏""三别"，杜甫用永不熄灭的人性之光去照亮社会的前路，因为有了杜甫，那个石壕村被抓走的老太太在某种意义上获得了永生。这是文字的力量，是文学的力量，也是属于人的力量。所以，"三吏""三别"不光是杜甫一人的代表作，也是整个诗坛的代表作。"为众人报薪者，不可使其冻毙于风雪"。无论后来出现多少候选人来和杜甫竞争"诗圣"这顶桂冠，仅凭"三吏""三别"这6大筹码，我给杜甫投上庄严的一票。

我还想补充的是：杜甫写"三吏""三别"的时候，他自己活得好吗？我们要知道，虽然杜甫这个时候身为华州司功参军，但这是他的贬官。杜甫这次就是要回到华州，回到他的贬所。可是，尽管杜甫个人生活的满意度非常低，但他的一双冷眼、一副热肠却始终在和社稷苍生同频共振。人世对他那么吝啬，而他对人世竟那么慷慨。

到了四月，杜甫返回了华州。这时的华州，满目疮痍，哀鸿遍野。是战争吗？不单单是战争，是"战争+饥荒"。这次关中大旱，持续时间非常长，从初春一直到夏末。旱到什么程度呢？久旱无雨，地都裂开了，大片大片的良田，看见的只有尘土飞扬，河里的水干了，空中的鸟、池里的鱼都热死了、渴死了。老百姓呢？还用说吗？百姓有倒悬之急，朝廷有累卵之危，难民成千上万，大伙儿四处逃荒。这一切真的让杜甫吃不下去饭，[1]杜甫对朝廷倍感失望。

七月的华州太热了，就好比咱们今天经常提到的"桑拿天"，人像被装进大蒸笼一样，进入"熏蒸+烧烤模式"。杜甫由自己的苦热想到身边百姓夏日难熬，想到边关士兵整日操练，[2]再延伸至大唐王朝拿不出利国利民的决策，所有这些就像巨石一般压在胸口，让他产生强大的窒息感。在苦难面前，杜甫从来没有钝感力，更无法屏蔽。就像鲁

---

[1] 见唐代杜甫《夏日叹》："对食不能餐，我心殊未谐"。

[2] 见唐代杜甫《夏夜叹》。

迅所说，"无穷的远方，无数的人们，都和我有关"[1]。

从杜甫这辈子来讲，华州任上，诗人又一次走向生活、接近人民，他活得凄凉而抑郁，但又活得博大而深情。他记录下那些非常时期的非常故事和那些非常故事里的"非常告别"。接下来，杜甫也与华州作了永远的告别，那么，杜甫人生的下一站是哪呢？

---

[1] 出自鲁迅《且介亭杂文·这也是生活》。

捌

秦州佳人

杜甫的名作《佳人》为我们描绘了怎样一位绝代佳人的形象？辞官之后，杜甫又经历了何种人生境遇？

【文前按语】

　　"诗圣"杜甫一生颠沛流离，用诗歌呐喊民生凋敝，用纸笔写尽社会疮痍。殊不知他还留下了"绝代有佳人，幽居在空谷"这样的"美人题材"诗歌——《佳人》。但细细品读，就知杜甫之意并不在单单赞咏一位佳人，而是借诗寄寓自己的身世浮沉。诗中的佳人才貌兼备，因离乱孤苦无依，却仍能坚守内心、安贫乐道；诗外的杜甫才高行厚，因不被认可流落边城，却仍怀有忧国之心、报国之志。

　　"安史之乱"爆发后，哀鸿遍野、民不聊生，更何况是连遭变故的女子，更似无根之萍、凄惨飘零。那么，此时的杜甫又漂泊到了何处？为何会写下《佳人》这样一首诗歌呢？

01

作为"诗圣",不用我说,杜甫最地道的就是书写山河动荡、民生疾苦,这一点,老杜堪称"内行"中的"内行"。那如果把美人题材交到老杜手里会怎么样?我们心照不宣地会觉得,老杜"拿捏"不了。老杜还真的挑战了一回,给咱们留下一首《佳人》:

> 绝代有佳人,幽居在空谷。
>
> 自云良家女,零落依草木。
>
> 关中昔丧[1]乱,兄弟遭杀戮。
>
> 官高何足论,不得收骨肉。
>
> 世情恶衰歇,万事随转烛。
>
> 夫婿轻薄儿,新人美如玉。
>
> 合昏尚知时,鸳鸯不独宿。
>
> 但见新人笑,哪闻旧人哭。
>
> 在山泉水清,出山泉水浊。
>
> 侍婢卖珠回,牵萝补茅屋。
>
> 摘花不插发,采柏动盈掬。
>
> 天寒翠袖薄,日暮倚修竹。[2]

---

[1] 丧,读(sang 一声)。

[2] 见唐代杜甫《佳人》。

《挥扇仕女图》

提到佳人，汉代李延年曾给他妹妹唱出一条最高级的"广告词"："北方有佳人，绝世而独立。一顾倾人城，再顾倾人国。"[1] 要想和佳人对号入座，最起码的硬性条件应该是"颜值逆天"，具有倾国倾城的轰动效应。所以，无论是正面描绘还是侧面衬托，佳人那张好看的脸总该给个"镜头"吧。杜甫只告诉咱们，"绝代有佳人"，至于这位佳人如何绝代，只字未提。那这位佳人究竟是什么人？

我把这首诗歌版的《佳人》改编成小说版的《佳人》，核心情节是这样的：有位佳人，原本出身高门，锦瑟华年，礼乐诗书。可是后来，佳人经历了"过山车"一般的人生起落。都说一场叛乱在漫长的历史长河中不过微尘半颗，可砸在每个人身上就是大山一座。安史之乱起，佳人的兄弟们惨死乱中，连尸骨都无法收敛！这已经是极大的不幸，然而更大的不幸又接踵而至。

娘家出事了，家里也出事了。要说这人世间万事万物真的好比风中烛火，飘摇不定。有谁能想到，她的丈夫乃薄情寡义之人，见她娘家失势，对她弃如敝屣。佳人只好来到山中，要说山中生活，真的不易。佳人和婢女依靠典卖旧日珠宝勉强度日，天气很冷，黄昏了，佳人薄薄的衣

[1] 见汉代李延年《李延年歌》。

衫，背靠一丛青青的竹林，她是身累了吗？她是心累了。

在佳人那里，我们听到一句悲愤欲绝的控诉："但见新人笑，哪闻旧人哭。"说到这儿，大家会不会想起一首怀旧老歌，《新鸳鸯蝴蝶梦》："由来只有新人笑，有谁听到旧人哭。爱情两个字，好辛苦"。

接下来的问题是，现实版的佳人最有可能是谁呢？自从这首《佳人》问世，就伴随了极大的悬疑，杜甫和佳人到底是啥关系，引发后世无数读者的推理。那一千多年过去，这桩尘封的学术公案咱们能不能破呢？

现在，摆在咱们面前的《佳人》这首诗不过类似整个案件的一个"书证物证"，要想其背后的真相浮出水面，真的有点"老虎吃天——无处下口"。不过，咱们都清楚一个文学理论，文学创作是一种特殊的精神生产，它建构了一个艺术世界，而阅读呢？阅读是一种解码，是从线型排列的言语符号中去获取作者隐藏的信息、体悟作者隐含的情感，而这些信息也好、情感也罢，必然指向作者创作的生活情境。所以，我捋出了三条线索。

线索一：时空线索。这首《佳人》，杜甫写于何时何地呢？这个物理时间、地理空间非常重要，因为它组成的"案发现场"是"第一现场"，这是咱们调查取证的首要对象。

李延年像

公元 759 年的秋天，杜甫又一次携家带口翻越了一座大山，这座山名叫陇山。当时的陇山，山峰入云，九折盘旋，草地森林，绵延百里。杜甫一家人风餐露宿，栉风沐雨，走了大约八百里，终于来到了秦州。目前学界认为，《佳人》这首诗就是杜甫在秦州时所作。

秦州在哪里呢？

【编者语】

"罢官亦由人，何事拘形役？"杜甫毅然做出选择，离开仕途，辞官西行。他和家人翻越陇山，来到秦州。杜甫从中原流徙到边城，就好似他诗中的佳人从繁华零落到草野。秦州民风彪悍、满目荒凉，初来乍到的杜甫难以安家，又病痛缠身，只能依靠砍柴采药为生，艰难度日。那么，在如此落魄的情况下，"囊空恐羞涩，留得一钱看"表达了杜甫怎样的人生态度呢？

02

秦州就是今天的甘肃省天水市。这是大西北呀。在中国古代文人的心中，翻越陇山就如同西出阳关，这段旅程，不是诗情画意，而是悲壮苍凉。所以，大家肯定要问，杜甫一家为啥要去秦州，这也太折腾了吧？

从杜甫的为官履历来看，杜甫从右卫率兵曹参军，到左拾遗，再到华州司功参军，断断续续三次做官。这次呢，杜甫不是"晋升"，也不是"跳槽"，而是"辞职"了，他辞掉了华州司功参军，也就是说，杜甫是从华州来到秦州的。说别人辞职，通常是个陈述句，说杜甫辞职，这可是个疑问句。杜甫怎么辞职了呢？

关于杜甫辞职的原因，主要有两种说法[1]：第一种是"关中饥荒说"，这属于客观原因。按照史书的说法，说当时关中地区久旱不雨，庄稼歉收，米价暴涨[2]，好多人揭不开锅，活不下去。要说杜甫这辈子多难，不是逃难就是逃荒，杜甫一家成了难民；第二种是"政治绝望说"，这属于主观原因。一言以蔽之，杜甫对于唐肃宗一朝，原来火一般的热情，后来被浇成了透心凉。咱们都知道，杜甫辞掉的华州司功参军是他的贬官。那杜甫为啥被贬？因为替房琯上书求情。这件事在杜甫心里留下极大的阴影。

---

[1] 第一，关中饥荒说；第二，政治绝望说。

[2] 出自《旧唐书·杜甫传》："关辅乱离，谷食踊贵"。

杜甫有诗为证："平生独往愿，惆怅年半百。罢官亦由人，何事拘形役？"[1] 大家扫一眼，杜甫化用了谁的句子？陶渊明嘛，"既自以心为形役，奚惆怅而独悲"，所以，这四句诗简直是"老杜版"的《归去来兮辞》，似乎背后的潜台词也出来了："悟已往之不谏，知来者之可追。实迷途其未远，觉今是而昨非"。杜甫的意思是说，自己平生喜欢孤往独来，和陶渊明一样，对"官场社交"很头疼。"时间都去哪了"不知道，只知道自己已近天命之年，不由感慨悲伤。这一年，杜甫多大呢？虚岁48岁，这个年龄如果放在今天，那是人生的黄金期，入选"中国好青年"还大有资格，但是在唐朝，实在有点诚惶诚恐。

于是，杜甫抛出一个反问，"罢官亦由人，何事拘行役？"是进是退、是去是留，决定权在自己手中。由此可见，杜甫辞职，既有被动的不得已，也有主动的边缘化。秦州是个啥地方呢？它是一座边城啊。秦州具有独特的异域风情。杜甫诗里说，极目四望，漫山遍野的葡萄、苜蓿。麦积山非常险，太平寺的泉水有点甜。羌族妇女彪悍到超出我们的想象，胡人太猛了，时常牵着骆驼在原野上高视阔步。那大家接下来判断一下，我们从这个时空线索中能

[1] 见唐代杜甫《立秋后题》。

够得到什么初步印象？杜甫从中原流徙边陲，是不是就好比佳人从繁华零落草野。那佳人与草木为邻，日子不好过啊；秦州时期，杜甫过得好不好呢？

杜甫在秦州大约住了三个月，可以说，偌大的秦州，没有杜甫一个家。杜甫有个侄子住在这儿，[1] 他告诉杜甫东柯谷是个好地方，老杜一听，东柯谷就是第二个桃花源啊。[2] 后来杜甫前去考察过，短期内也没物色到一个心仪的地方。杜甫在秦州周边转悠，又遇到了自己的老朋友赞公[3] ，朋友也帮他寻找合适的宅基地，地点是西枝村。西枝村，听起来多么文艺的村子，但是同样没有结果。[4] 就这样，杜甫求田问舍，可是"安居工程"始终不能开工，建草堂的计划也落空了。

大家想，杜甫弃官，俸禄断了，一大家子吃穿用度怎么解决？有一回，杜甫的侄子答应，说等谷子熟了，给送点小米过来。可是白露都过去了，这小米左等右等，干等也没等来，杜甫就写诗催他，不过催得挺委婉。杜甫大意是说："侄子，我知道你没忘，你是不是想着把小米舂得

---

[1] 今甘肃天街子乡柳家河村。

[2] 见唐代杜甫《秦州杂诗二十首·其十三》："传道东柯谷，深藏数十家。"

[3] 指赞上人。

[4] 见唐代杜甫《西枝村寻置草堂地，夜宿赞公土室二首·其二》。

再细点，然后再给我送来，这样我吃起来口感更好哇，这辈子我最爱吃小米饭啦。"同时诗里又嘱咐说，"你地里的蕹菜不是长得挺好吗，你下次来送米，也顺便给带点蕹菜。咱们都明白，别人的屋檐再大，也不如自己有把伞。"侄子也好，朋友也罢，虽说他们没有袖手旁观，但是点点滴滴的救助很难从根本上解决问题，杜甫只能靠砍柴、采药来维系生计。

接下来杜甫在秦州的生活每况愈下，杜甫的疟疾又复发了，[1] 疟疾这个病太恐怖了，说冷冷得要命，说热热得要命，杜甫常常隔一天就犯一回。古人认为，疟疾是疟鬼在作祟，土办法就是患者涂脂抹粉，穿上女人艳丽的衣服，藏到最僻静的地方，据说就能躲过疟鬼的纠缠。杜甫被折磨得忍无可忍，他就男扮女装，无条件照办，"别看广告看疗效"，疗效怎么样呢？哪有什么疗效，只能被人取笑，杜甫觉得面子上有点挂不住。

杜甫还写诗描述过自己秦州一同谷这一时期的窘状："翠柏苦犹食，晨霞高可餐。世人共卤莽[2]，吾道属艰难。

---

[1] 见唐代杜甫《寄彭州高三十五使君适虢州岑二十七长史参三十韵》：三年犹疟疾，一鬼不销亡。隔日搜脂髓，增寒抱雪霜。徒然潜隙地，有觊屡鲜妆。
[2] 卤莽，通"鲁莽"。

《竹林七贤图》 ∧∧∧

不爨[1]井晨冻，无衣床夜寒。囊空恐羞涩，留得一钱看"。[2]做饭起不了火，井水冻结了冰，缺衣少被。钱快花光了，怎么办呢？"囊空恐羞涩，留得一钱看"。怕口袋空空感到不好意思，他特意留下一文钱，就在这看守、看家。是不是"此处应该有笑声"？别说老杜不幽默，老杜开了一个黑色幽默。幽默归幽默，我每次读到这首诗，说实话，明明是喜剧，却能让你流泪。老杜的幽默就像一层薄如蝉翼的糖衣，我总能闻到满纸溢出来的都是苦味。"世人共卤莽，吾道属艰难"。世人大多苟且偷生，自己持节守道，异常艰难。说到这儿，咱们可否可以这样理解，杜甫一直想走好一条他选择的路，而不是选择一条他好走的路。值得我们尊敬的是，不管杜甫能不能改变这个世道，但是他把这个重担执着地扛在了肩上。

从杜甫的现实处境，我们又能得出什么结论？杜甫远赴秦陇，理想幻灭。但是杜甫和佳人贫贱不移的精神是不是别无二致？当然，咱们光了解这些还是盲人摸象，要想洞察全貌，咱们还必须清楚，杜甫当年是怎样的心理动态呢？

---

[1] 爨，读（cuan 四声），烧火做饭。
[2] 见唐代杜甫《空囊》。

【编者语】

杜甫一生交友广泛,既爱结交气质出尘、格调高古的名士,又乐于和文韬武略、志同道合的同僚推心置腹。但一场变故令几位同道之人成为游子逐臣,各自踏上流离之路。跌落人生谷底的杜甫发出"如公尽雄俊,志在必腾骞"的呐喊,既是对好友的殷殷期盼,也是对失意的自己深深的鼓舞。那么,到了秦州的杜甫,心理状态经历了怎样的变化?我们又能从《佳人》中看到杜甫怎样的隐喻呢?

03

线索二:情感线索。我们知道,作案通常有作案动机,作诗通常有情感酝酿。咱们要想洞察杜甫在秦州的心理状态,依据无外乎两个:一是杜甫交的人,二是杜甫写的诗。

杜甫携妻挈子来到边塞小城,他在秦州认识的人既无达官显宦,也无富贵豪门,杜甫诗中写到有姓名可考的人,除了他的侄子和他一个老朋友,还有一个当地名士——阮昉。阮昉是谁呢？没名，但他的先人有名啊，"竹林七贤"的旗帜性人物——阮籍，阮昉不仅是阮籍的后人，而且是优秀的后人。阮昉眉清目朗，举止萧散，仿佛脱去凡胎换成仙骨。阮昉身居闹市却能安之若素，在阮昉身上，散发着一种人无我有的贵族气质。因为隐居不仕，沉潜边城，大异时俗，格调高古，这令杜甫陡生敬意，[1] 杜甫称他"阮隐居"[2]。所以，杜甫和阮昉的相会不异于高山流水的相会。

杜甫不只在生活中和隐士处得不错，就连前代的嵇康、陶潜、诸葛亮、庞德公和大唐的贺知章、孟浩然也都在杜甫的诗里出过镜。

杜甫为啥会想起嵇康和诸葛亮？他们二人的共性在哪？可能有人会说，嵇康和诸葛亮都帅，帅到让人移不开眼睛，帅到可以自恋的那种。还有呢？诸葛亮被称作"卧龙"，可是嵇康也曾被称作"卧龙"啊[3]。谁说的呢？钟会。他既是嵇康的一枚"铁粉"，也是他的一枚"黑粉"，甚至是他的一枚"夺命粉"。可叹的是，嵇康和孔明二人都有卧龙之称，然而"同名不同命"啊，杜甫很是感慨地说：

---

[1] 见唐代杜甫《秋日阮隐居致薤三十束》。

[2] 见唐代杜甫《贻阮隐居》，他的诗写得也不错："清诗近道要，识子用心苦"。

[3] 杨伦注嵇康句："《晋书》：钟会言于文帝曰：'嵇康，卧龙也，不可起。公无忧于天下，顾以康为虑耳。'因谮康，欲助毋丘俭，杀之。"

"嵇康不得死，孔明有知音"[1]。嵇康是卧龙，却惨遭杀害；孔明是卧龙，被委以大任。如果一个人不被重用，即使是傲霜砺雪的栋梁之材，也会枯死老林。这多像东方朔所说的"用之则为虎，不用则为鼠"[2]啊。

那大家不难看出，杜甫是在感叹谁啊？在嵇康和孔明遇与不遇的对照中，杜甫对生不逢时的嵇康倾洒同情之泪，而对孔明君臣之间的鱼水相得又投注艳羡之情！一句"孔明有知音"，孔明"有"的幸运正反衬出自己"无"的悲哀。诸葛亮作为中国文化史上的一个现象级偶像，杜甫一生都在代入。正如余光中先生所说："如此丞相，才不愧如此诗人"[3]。

房琯事件发生后，不仅房琯遭贬，连房琯集团的人也都受牵连，[4]杜甫被贬，贾至被贬，严武被贬，杜甫在秦州思念这些同道中人，回忆他们随肩出入，并辔而行，书信往来，最为快意。[5]然而房琯被贬了，情况急转直下。

---

[1] 见唐代杜甫《遣兴五首》其一："蛰龙三冬卧，老鹤万里心。昔时贤俊人，未遇犹视今。嵇康不得死，孔明有知音。又如陇坻松，用舍在所寻。大哉霜雪干，岁久为枯林。"

[2] 见西汉东方朔《答客难》。

[3] 出自余光中《草堂祭杜甫》。

[4] 贾至贬汝州刺史，再贬岳州司马，严武贬巴州刺史，杜甫贬华州司功参军。乾元元年（758）六月。

[5] 见唐代杜甫《寄岳州贾司马六丈、巴州严八使君两阁老五十韵》："恩荣同拜手，出入最随肩。晚著华堂醉，寒重绣被眠。辔齐兼秉烛，书柱满怀笺"。

自己投荒陇外，穷乡僻壤，举步维艰。在杜甫看来，贾至和严武可谓房琯的左膀右臂。贾至有文才，严武有武略。杜甫一方面表达对贾至、严武的思念，更主要的是，"如公尽雄俊，志在必腾骞。"勉励他们为中兴大唐效一己之力。大家看，即使命运把杜甫推到了谷底，但支撑他的也并不是怨恨，即使自己失去机会，他也盼望其他贤人可以为之实现，这是对政治理想何等的珍视与守护。我一直认为，衡量一个人的品质不能光看他得意时是什么修养，还要看他失意时是什么格局。

由此可见，杜甫弃官走秦州，他的朋友或贬谪或流放，许多朋友都成了游子、逐臣。杜甫与他们同病相怜，心有戚戚。诗人从情感上完成了一次痛苦的蜕变，诗人的心理状态一是体现为隐逸之思，二是体现为逐臣之悲。

那隐逸之思与佳人有什么内在关联呢？大家想，杜甫远离庙堂，是不是好比佳人幽居空谷？那逐臣之悲又与佳人有什么文化契合？

这个解释起来有点麻烦。杜甫塑造了一个怎样的佳人形象？举世无双又恬淡自守。有人说，《佳人》就是一幅大唐仕女图。大唐仕女乃宫廷贵妇，雍容华贵。佳人是仕女吗？不是仕女，而是弃妇。

说到弃妇，弃妇与逐臣是中国历史上重要的文化现象。[1] 弃妇逐臣在表层一分为二、在深层合二为一，异体同构。弃妇诗早在《诗经》中就出现了，这是一个最远的源头，也是一个极高的起点。真正具有这种意识并在诗中予以自觉表现的是崛起于楚国的大诗人屈原。屈原开创了"以男女喻君臣"的创作模式，《离骚》构成一个丰富多元的象征系统，在屈原笔下，男女与君臣、弃妇与逐臣，虚实结合，阴阳对应，惊采绝艳，缠绵悱恻。正所谓"逐臣与弃妾，零落心可知"[2]。

大家想，从这个情感线索我们又能得到什么认知？尝尽世态炎凉的佳人，她和杜甫那些仕途坎坷的贤士是不是有着相似的命运？

04

线索三：文学线索。对于诗歌而言，它的灵魂是什么？意象。所谓意象可以简单地理解为，意象＝主观之意＋客观之象。意象有什么特点呢？意象作为诗人抒情达意的一

---

[1]《周易·坤卦·文言》释"坤"曰："地道也，妻道也，臣道也。"孔颖达《正义》："欲明坤道处卑，待唱乃和，故历言此三事，皆卑应于尊，下顺于上也。"

[2] 见南北朝王僧孺《何生姬人有怨》。

个基本单位，具有稳定性，也具有共识性。打个比方，意象有点像诗人们最看好的一个"梗"，因为它符合民族的心理习惯与思维共性，所以它被诗人注入了情感，再被后来的诗人不断地使用、反复地使用。

咱们回到这首《佳人》，诗中意象很多，但有两个意象非常抢眼。第一个意象，泉水意象："在山泉水清，出山泉水浊"。这两句超有名，它的出处来自《诗经》"相彼泉水，载清载浊。"[1]字面意思是说，泉水处于山谷，自然没有什么能够影响他的清澈，而一旦流出山谷，泉水就会变得污浊。因此，泉水是清是浊常用来比喻人的品行是高是下。当杜甫成为"秦州客"，安史之乱还在进行时。他的心情没有因为困苦而颓唐，诗人的一颗忧国之心从来没有远去。

"在山泉水清，出山泉水浊"。佳人想证明：流落无依，纵使世情薄凉，但她依然宛若山泉，清澈见底；杜甫想证明：客居秦州，表面与世无争。其实，身在江湖，心存魏阙。佳人幽姿高致，杜甫笃定忠贞。"在山泉水清，出山泉水浊"。"在山""出山"貌似选择之举，其实也是言志之辞。身处山中，自是干净透亮，回归尘俗，污秽不堪设想。某种意义上，泉水的山是佳人的山，也是杜甫的山。杜甫

---

[1] 出自《诗经·小雅·四月》。

无论置身怎样的境遇，都始终保护好心中的那份光，向上、向美、向善。

第二个意象，"修竹"意象："天寒翠袖薄，日暮倚修竹。"在中国人的观念里，个人的道德完善往往需要特定的物象作为载体，竹子怎么样？竹子有许多人文亮点，竹子中空有节、弯而不折，这一属性与儒家耿直不屈、刚正不阿的品格相通；竹子柔而不媚、清风瘦骨，这一韵致又成为老庄超凡脱俗、虚静淡泊的象征。所以，中国人爱竹子，这不仅是一种感官鉴赏，还蕴含了一种民族心理和东方美学。咱们不妨做个假设，假设佳人倚的不是修竹，是国槐、是垂柳、是银杏树、是白桦林，审美效果会一样吗？换句话说，佳人往竹边，就那么一倚，那么一靠，这就不得了啦，因为这不仅是一个物理场，更重要的是一个精神场。

"天寒翠袖薄，日暮倚修竹。"这位时乖命蹇的女子，在天寒日暮的山中就像经冬不凋的翠柏，就像挺拔劲节的绿竹。"天寒翠袖薄，日暮倚修竹。"经常听人说，此处有画面感，没错。可是，我想说，画面感怎么比得过这里的崇高感？杜甫的《佳人》不是因佳人之美而成为经典，而是凭格调之高铸就名篇。

好了，以上，咱们抓住时空线索、情感线索、意象线索三条线索，通过外部、内部两重因素综合推导，又嵌入相关的热知识、冷知识，对佳人和杜甫展开实地勘查、心态分析与文本细读，佳人和杜甫到底是什么关系，我梳理出 6 组对应点：

> 佳人——绝代之姿，杜甫——旷世之才；
>
> 佳人——见弃于夫，杜甫——冷遇于君；
>
> 佳人——幽居空谷，杜甫——流落边城；
>
> 佳人——蹉跎流年，杜甫——难酬壮志；
>
> 佳人——安贫自守，杜甫——坚挺不屈；
>
> 佳人——冰清玉洁，杜甫——赤胆忠心。

　　总结上述六点，我最终做出结案陈词：杜甫和"佳人"相遇，极可能又极不可能。之所以说极可能，杜甫和佳人陌路相逢，佳人无意间闯入他的眼，也定格在他的诗。但这种可能性可以忽略不计；之所以说极不可能，虽然乱世佳人是时代的客观反映，但诗人的主观寄托肉眼可见。佳人像一面镜子，照出的满是杜甫的影子。换句话说，杜甫和佳人的关系，可以"强相关"，也可以"弱相关"。《佳人》这首诗，有赋、有比、有兴。杜甫笔下的现实世界与精神世界形成了一种叠合。咱们都知道，在中国传统文化语境中，佳人是美人，但又超越了美人，很多时候，佳人的美貌总是输给品节。杜甫和佳人之间最大的共情点就在于天涯沦落，心有灵犀。故事可以是假的，但传递的精神是真的。

从杜甫这辈子来讲，秦州时期是杜甫人生道路和诗歌创作的一个转型期。杜甫客居秦州，他脱离了官场，走向民间。最可贵的是，诗人的身份开始"下沉"，可是他生命的能量依然在上扬。他的创作也呈现了一次小爆发，并且由关注社会时事的政治视野逐渐转向个人内心的情感抒发。

生命达到的地方，诗歌才会到达。秦州的杜甫，就像那位幽居空谷的佳人，长安远别，故人不在，知音稀少，心情落寞，于是，诗人倍加思亲念友。杜甫想念的人能够列出一个长长的名单。可是杜甫有个最想最念的人，他连续成为杜甫的梦中人，他是谁呢？

玖 —— 三梦李白

究竟是怎样的变故，令杜甫三次与李白梦中相见？思念好友之时，杜甫又有着怎样的感怀呢？

【文前按语】

在大唐诗坛的璀璨群星中，"诗仙"李白与"诗圣"杜甫无疑是最为闪耀的两颗明星。他们二人相差十一岁，自公元 744 年在洛阳相遇之后，便一见如故，引为知己。但随着大唐的时局动荡，战事频仍，李白和杜甫也在那个动荡的岁月中，经历着各自的挫折困苦，终难再见。

公元 759 年，此时距离李白与杜甫的上一次相聚，已经过去了十四年。皎洁的月色之下，昔日的挚友却接连来到杜甫的梦中。"三夜频梦君，情亲见君意。"十余年的时间，虽然改变了他们的样貌、生活，却改变不了他们之间的深厚情谊。那么，为何在这个时候，李白会频繁地出现在杜甫的梦中？对于好友此生的经历，杜甫的心里又有着怎样的感慨呢？

01

公元 759 年的秋天 [1]，一连三个晚上，同一个人走进了杜甫的梦，"三夜频梦君，情亲见君意。"[2] 这个君是谁呢？杜甫的"星标"朋友——李白。那为啥这个时间段杜甫想李白想得贼厉害呢？

用一句话概括：李白摊上事儿了！多大的事儿呢？要多大有多大。李白卷入了一个案子，多大的案子呢？说多大就有多大。我把它简称为"李璘案"。

李璘是谁呢？他可不是李白的弟弟，而是唐肃宗李亨的弟弟，是唐玄宗第十六个儿子。大家想，李璘都排行第十六了，如果在太平年月，他哪敢对皇位生出什么非分之想！坏就坏在，安史之乱打乱了所有的不可能。这个"一切皆有可能"需要从唐玄宗的一道诏书开头。诏书的主要内容是：李亨和他的三个弟弟一共哥四个，形成四个军区，有点像实行"包片责任制"，或者说"网格化管理"，各自领兵，合力平叛。其中李亨在北，李璘在南，一北一南，形成两大支点。可是剧情并没按预设的"剧本"上演，出现了啥插曲呢？在这个诏书发出三天前，李亨摇身一变，

---

[1] 公元 759 年，杜甫虚岁 48 岁。

[2] 见唐代杜甫《梦李白二首·其二》。

由太子直接上位，君临天下，然后遥尊他的老爸唐玄宗为"太上皇"。这下问题就复杂化了。

先说李璘。接到诏命之后，李璘迫不及待地抵达江陵，动用了大量钱物，招募了数万兵马，短短几个月，李璘似乎华丽转身，成了一方封疆大吏。身边也有人 [1] 趁机怂恿李璘拥兵自立。那大家说，李璘的这一举动释放出什么信号？这可不是动了谁的"奶酪"那么简单，他动了新皇帝李亨最敏感的神经。

再说李亨。李亨随即颁布一道敕令，命令李璘马上返回成都，乖乖地在太上皇身边老老实实地待着。可是李璘拒不奉命。李璘在行动，李亨在快速行动，接下来李亨连续派兵，打出一套"组合拳"，李璘兵败身死。所以，如果给"李璘案"定性的话，这是一桩谋逆案。大家想，尽管李璘兵变，旋起旋灭，但那些跟随者能有好果子吃吗？十个脑袋都不够砍。李白入了李璘的幕府，换句话说，如果李璘是"主犯"，李白就是"从犯"中的一个。李白先是被抓，被关押到浔阳监狱，接着又被流放夜郎。

说到这里，杜甫为啥三梦李白？杜甫听说了这个巨大的坏消息。夜郎在今天的贵州省境内 [2]，是古代的江南瘴

---

[1] 指谋士薛镠、永王之子襄城王李偒。出自《资治通鉴》卷二一九。

[2] 桐梓县。

疬之地。"江南瘴疬地，逐客无消息"[1]。李白生死未卜，杜甫怎么也坐不住了。杜甫对李白由刻骨铭心的想念变成如坐针毡的惦念。杜甫心神不宁，忧思成梦。那梦中的李白啥样呢？

有一回，杜甫梦见了李白，可是他乍一见挺高兴，再一想很生疑。杜甫合计着，不对呀，李白被流放了，怎么可能插翅飞出罗网，飞到自己这里来呢？莫非白哥的鬼魂跨越大半个中国来和自己作最后的道别吗？梦着梦着，杜甫就醒了，这个时候，屋梁洒满稀稀落落的月光，杜甫朦朦胧胧地感觉到李白就隐隐约约地站在自己眼前，他的面容模模糊糊能看个大概。

还有一回，杜甫说，他梦中的李白来的时候行色匆匆，走的时候又神色匆匆，有些恋恋不舍，有些慌里慌张，他还向杜甫反复诉苦，说他大老远来一趟非常不容易，山长水阔，风高浪急。等到出门往外走，李白还挠了挠自己的头发，就是这个动作，就是这个背影，顿时让杜甫心疼不已。杜甫发现，白哥老了，青丝变白发，他不再是"天生我材必有用"的李白，不再是"长风破浪会有时"的李白，不再是"莫使金樽空对月"的李白，不再是"欲上青天揽明月"

[1] 见唐代杜甫《梦李白二首·其一》。

的李白。可叹啊 [1]，他的平生抱负好像都被无情辜负了。

所以，杜甫一想到李白余生所剩无几，不光对李白深有忧惧之情，同时怀有不平之气，"冠盖满京华，斯人独憔悴"，长安城里那么多锦衣华服，达官显贵，唯独李白心雄万夫而难以称雄，天纵之才却无路可走。用李白自己的话说，"大道如青天，我独不得出"。这些倒也算了，谁料晚年又遭到放逐的厄运。那李白流放夜郎，如果让杜甫来断这个案子，他的判断会是啥呢？

【编者语】

在得知故友被流放夜郎之后，杜甫的复杂情感顿时涌上心头。作为惺惺相惜的诗人，杜甫深知李白的才华有多么出众和耀眼，而作为志同道合的好友，二人又都有着报国济世的远大理想。于是，杜甫内心的思念、不甘、愤懑，都在与李白梦中相会里倾泻而出。那么，杜甫是如何看待李白的选择与遭遇？他的"三梦李白"，又显露着他对故友怎样的挂念呢？

---

[1] 这一年李白已经 59 岁。

02

李白被放逐，让杜甫想到一个人，这个人就是同样被放逐的屈原。所以杜甫飞驰想象，他想象李白流放，路过汨罗江的时候会向屈原哭诉自己的愤懑："应共冤魂语，投诗赠汨罗"。在杜甫看来，人海苍茫，世路凶险，李白和屈原一样，他们都身负千古奇冤。虽然这是想象之词，但是诗评家说得好："说到流离生死，千里关情，真堪声泪交下，此怀人之最惨怛者。"[1] 是啊，真正的朋友未必形影不离，但一定肝胆相照。

那大家思考一下，杜甫引屈原为李白同调，这说明啥？这是不是在大张旗鼓地为李白翻案的架势？那杜甫又为啥会想到屈原呢？

咱们都知道，屈原是湖湘地区的标志性人物。从矢志不渝的爱国情怀来看，杜甫和屈原的精神实质一脉相承。在杜甫心中，李白的玉树临风、锦绣肝肠，以及"信而见疑，忠而被谤"，所有这些和屈原不相上下。杜甫这话儿要是让李白知道，李白真是乐坏了。其实李白还真的以屈原自许，当李白泛舟江汉之间，他写过四句诗，可是出了

---

[1] 出自仇兆鳌《杜诗详注》。怛，读（dá 二声）。

杜甫像 ＞＞＞

大名，"屈平辞赋悬日月，楚王台榭空山丘。兴酣落笔摇五岳，诗成笑傲凌沧洲。"[1] 楚王穷奢极欲，无数的舞榭歌台早已荡然无存，灰飞烟灭，而屈原的大作如同日月高悬。李白这一评价简直振聋发聩。看出来了吧？李白将诗文著述与君王统治对举，毫无保留地肯定了文学的不朽。所以，李白接下来说他自己怎么样？兴酣之时，落笔赋诗，笔力雄健无敌，可以摇动三山五岳；诗成之后，啸傲之声，胸襟高旷不群，可以凌越江河湖海。这种口气独属于"太白格调"。

"应共冤魂语，投诗赠汨罗"。那杜甫认为李白冤，咱们是不是有个问号，李白到底是怎么和李璘"入伙"的呢？

当时李白正在庐山隐居，李璘派人连续发出了邀请。来人吃透了李白的心理，所以对症下药，以纵横策士之风，一番游说，[2] 李白出山了。当时李白的老婆拦都拦不住。为啥呢？夫人不祥的预兆怎能抵得过李白美妙的幻想。再说，李璘对外打出的旗号是"东巡"，是"北上"，目标就是平叛。李白听了，全身充电，立刻满格。咱们都知道，李白自诩大鹏鸟，他一直在等风来。现在，风来了，所以，

---

[1] 见唐代李白《江上吟》。
[2] 见唐代李白《赠韦秘书子春》，是反映李白入幕心迹最重要的诗篇。

李白坚信大鹏一日同风起，要在乱世苍穹划出一道最美的弧线。

你看，李白诗里咋写的，"南风一扫胡尘静，西入长安到日边"[1]，"但用东山谢安石，为君谈笑静胡沙"[2]，这里说的谢安石就是谢安。要说能入李白法眼的人，都不是一般人，而且形成了一个梯队。李白最欣赏的头号人物——鲁仲连，二号人物——谢安。如果说鲁仲连在李白心中的高度堪比"珠穆朗玛"，那么，谢安在李白心中的高度就好似"青藏高原"。东晋的谢安，东山再起，大济苍生，这令李白原本高傲的头高高地仰望。

李白觉得，他能投到李璘麾下，自己就是第二个谢安，他保准能干事儿，而且能干大事，救黎民于水火，挽救国家于危亡！

但是，李白终究没能成为谢安。想必大家经常听到一些"杠精"的言论，说如果不是青光眼白内障，外带近视加散光，这么大的坑，谁能踩上啊？只有李白。这李白"智商在山巅，情商在深渊"呐，这些话猛一听没毛病，再一听毛病可不小。很多时候，我们习惯了用二分法，得出一

[1] 见唐代李白《永王东巡歌》之十一。
[2] 见唐代李白《永王东巡歌》之二。

个一元论。要么对，要么错，好像黑色、白色之间从来没有灰色地带。其实，历史人物不是扁平的，历史事件也不是扁平的。能摆到明面的事儿，那都不是事儿。太阳底下和月亮底下看到的事儿又怎么能是一回事呢？

李白哪里知道李璘葫芦里卖的是啥药，甚至李璘割据江东的野心昭然若揭，兄弟之间的开打已经公开化，李白在梦中还没醒呢。信念的燃烧和生命的骄傲，一个都不能少。所以，我们不要苛责李白站错队，这非常符合李白的性格逻辑。李白简直就是大唐的logo（标志），李白精神是无法复现的盛唐精神。最硬核的人生设计在李白身上都被理想化了。不管昨天如何狼狈，李白的人生随时可以重启。李白的入幕，正是在错误的时间，让他自以为做出了一个"正确"的选择。李白是六十岁的人、十六岁的心。天真的诗人投身政治的沧海横流，结果能不是悲剧吗？

"应共冤魂语，投诗赠汨罗"。杜甫认为李白冤枉，而李白认为自己天大的冤枉。他原以为能把水深火热的苍生拉上岸，可哪里想到，自己上的竟是贼船。参加李璘的军队，前后算起来不过两个月的光景。李白认为，满腔的赤诚被诬为叛逆的罪名，玉石怎么可以俱焚，"举酒太息，泣血盈杯。"[1]那么爱酒的李白再也喝不下去，滴到杯里的分明全是血。但是，任凭李白大鸣其冤，心痛欲碎，终究渡不过宦海沉浮。

接下来的问题是，杜甫为李白大胆辩护，这说明啥呢？我认为，第一，李白想证明自己，他想被整个世界都看见，可是到了最后，只剩杜甫一个人爱他、懂他、疼他、梦他；第二，杜甫之所以和李白心心相印、惺惺相惜，因为杜甫和李白都渴望为国效力，甚至为国效命，"身在江湖，心存魏阙"。如果我们只知道李白洒脱，而不知道洒脱背后的执着，那么，缺失执着的洒脱，李白和那些利欲熏心之徒又有什么两样！再说，假如李白的政治嗅觉高度灵敏，见风使舵，长袖善舞，那就绝对不是我们现在讲述的李白了。

大家敢想吗？现实已经给了李白重重的一记耳光，可是李白还会主动把脸再伸出去。在他获释之后，李白已经年过花甲，可是他还想投奔李光弼的大部队；直到临终前，依然自比孔夫子，感叹功业未成。[2]所以，李白、杜甫的碧血丹心是一样的，就像葵藿向阳，天性难移。那李白流放夜郎的时候杜甫在哪儿呢？

[1] 见唐代李白《上崔相百忧章》，在浔阳狱时所作。
[2] 见唐代李白《临路歌》。

03

　　杜甫诗中说："凉风起天末，君子意如何？""天末"，原意是指天的尽头，这里指的是秦州，就是今天的甘肃天水，由于秦州地处边塞之远，仿佛远在天边，所以称作"天末"。秦州这个地方，四季分明，夏天有夏天的样，冬天有冬天的样。秋天来了，一阵凉风乍起，顿觉寒意袭人。杜甫想的人有很多，但李白是他最想的一个。"凉风起天末，君子意如何？"这两句诗非常家常，翻译过来大致就是：天冷啦，白哥，你现在还好吗？这貌似非常俗套的一句寒暄，可是，当我们明白了李白流放，就明白了此时的杜甫已经酝酿了千言万语、万语千言。

算一笔总账的话，杜甫在秦州三个月，一共给李白写了四首诗。要问为啥？我总结了三个角度。

第一个角度：我心依旧。

当年李杜相识的时候，因为潇洒的李白曾在长安掀起一阵李白"旋风"，红得发紫。在杜甫眼中，李白就是天上谪仙，酒中豪杰，人间狂客，诗坛顶流。接下来，他们一起"醉舞梁园夜，行歌泗水春"，"醉眠秋共被，携手日同行"。分手之后，杜甫对李白一往情深。

如果数一数和朋友有关的词条，还真的不少，比方说，云天高义、管鲍分金、相视莫逆、千里神交。杜甫思念李白，也原创了一个成语："云树之思"。它出自杜甫写的诗："渭北春天树，江东日暮云"[1]。这两句诗写得非常好，我们可以有多个理解。既可以理解为，当时杜甫在渭北，李白在江东，杜甫就像渭北春天的一棵树，李白就像江东黄昏的一朵云。还可以理解为，杜甫在渭北的春天，李白在江东的日暮，他们望着树，望着云，遥相思念。

杜甫三梦李白的时候，李白当时是啥情况呢？其实，李白这一劫已经过去了。因为这年春天，关中大旱，唐肃

---

[1] 见唐代杜甫《春日忆李白》。

颜真卿行书集字
《将进酒》（局部）

宗宣布大赦天下，李白走到白帝城[1]遇赦，回返江陵。"朝辞白帝彩云间，千里江陵一日还"就是在这个背景下写的。不难想象，李白拿到特赦令，那是何等开心，咱们现在能深层理解李白的心情了吧？你看，途中有朝霞相送，有万山让路，瞬息千里，若有神助。沉重的生命之船秒变成一叶轻舟。依稀之间，他还是从前那个少年，鲜衣怒马，将冰天雪地都能过成秋月春花。但是，由于杜甫远在秦州，消息阻隔，李白都没事了，在杜甫那里，这事还不小。所以，杜甫坐卧不安，愁肠百结，他这颗心怎么也放不下。杜甫梦中所见，也是杜甫心中所想。如果算算，杜甫"高频"梦见李白的这一年，距离他俩上次分手一晃过去了十几个春夏秋冬。由此可见，杜甫是掏出真心把友谊进行到底的人。

第二个角度：我心寂寞。

杜甫寄居的秦州[2]是啥地方呢？从自然环境看，秦州地处陇山之西。陇山是秦州的一道天然屏障，山高谷深。从社会环境看，秦州自古民族杂居、文化多元，历来是兵

---

[1] 今重庆市奉节县东。公元757年，李白坐系浔阳（今江西省九江市）狱。758年，长流夜郎（今贵州桐梓）。759年春，遇赦得还。

[2] "秦州，古西戎之地，秦国始封之邑，今郡有秦亭、秦谷是也。春秋时属秦，秦平天下，是为陇西郡。汉武分陇西置天水郡。王莽末，隗嚣据其地。后汉建武中，平之，更名天水，为汉阳郡。郡有大坂，名曰陇坻，亦曰陇山。杜佑著，王文锦点校《通典》，北京：中华书局，1988年版，第4544页。

家必争之地。同时它也是秦人的先祖之地，还是陇西李氏的祖籍之地，名人辈出，这和李白有关系吗？李白曾经自报家门，说"家本陇西人"[1]。这个李太白，实在传奇，有趣有料也有谜，李白说的话，姑妄言之，姑妄听之。杜甫估计当真了，到了秦州，他就感觉到了李白的祖籍之地，想起李白也就合情合理，自然而然。杜甫在秦州写了很多诗，想起很多人，他想从前的大朋友、小朋友，想离散的三兄四弟，"露从今夜白，月是故乡明"也是在这一时期写的。杜甫频频作诗，频频做梦，这也无疑说明他在秦州有点"孤独寂寞冷"。

第三个角度：我心伤悲。

首先，杜甫悲李白。李白不自觉地卷入了李璘争权夺位的漩涡之中，杜甫心有同情却无力援手，爱莫能助，无比悲愤。

其次，杜甫悲自己。李白就是自己的一面镜子。李白陷入李璘大案，被判流放之罪，杜甫被肃宗抛弃，外放华州，再到秦州，油然而生逐臣之感。杜甫"致君尧舜上"的政治梦想在这个时候彻底破碎。这就更加拉近了杜甫与李白的距离，同病相怜。杜甫通过李白的遭遇而联想到自己的遭遇。他清醒地认识到，他和李白都是失败者，都是

[1] 见唐代李白《赠张相镐二首·其二》："家本陇西人，先为汉边将"。

政治斗争的牺牲品。因此，杜甫悲李白也是悲自己，为李白鸣不平，也是为自己鸣不平。

04

后来，杜甫得知李白遇到大赦，悬着的大石头总算落地了。在秦州，杜甫给李白写了第四首诗[1]，这首诗相当于李白一生诗歌版的传记。那杜甫对李白的一生进行了哪些总检讨呢？我感觉，杜甫在诗中发出两组"表情包"。第一组：玫瑰＋拥抱；第二组：心碎＋菜刀。

先说第一组。杜甫追李白不是一天两天的了。早在长安的时候，杜甫就说李白才思敏捷，卓尔不群，"白也诗无敌，飘然思不群"[2]。直到现在，在杜甫心里，李白的才华仍是一等一的才华，自打贺知章对李白发出惊为天人之叹，杜甫继续说，他若笔落，则惊风雨，他若诗成，必泣鬼神："笔落惊风雨，诗成泣鬼神"。杜甫坚信，李白活着的时候，凌云壮志，壮志难酬，但是他必将获得芳名，

---

[1] 见唐代杜甫《寄李十二白二十韵》。
[2] 见唐代杜甫《春日忆李白》。

芳名百世。"千秋万岁名，寂寞身后事"[1]，"文采承殊渥，流传必绝伦。"如此五星好评，说明啥呢？一方面，如果说李白是永远的神，那杜甫就是李白永远的知音。杜甫坚信，太白的诗酒将永远被岁月典藏；另一方面，这也是杜甫给李白定义的成功。不过，杜甫也心清如水，他和李白都是被政治"催不熟"的人，他们在官场上都是"玩不转"的人，他们本质上只能是诗人。李白的诗歌成就也在某种程度上唤醒了杜甫以诗歌为使命的诗人意识。从这一点来讲，他们后会无期，却最终在诗坛的巅峰不期而遇。

再说第二组。杜甫在诗中为李白喊冤，杜甫认为李白和历史上许多冤枉的人都有一比：李白像祢衡，像马援，像贾谊，像邹阳。像这个、像那个，千说万说、横比竖比，一句话，李白太冤了。

怀念李白的四首诗是杜甫全面认识李白的总结，也是杜甫对李白感情的再一次升华。杜甫写给李白的诗，时间跨度很长。[2] 通过这些诗可以清晰地看到，杜甫对李白的评价是动态的。在杜甫笔下，李白最早的形象是仙人形象："天子呼来不上船，自称臣是酒中仙"[3]，既有外在气质

---

[1] 见唐代杜甫《梦李白二首·其二》。

[2] 最早的《赠李白·二首》约作于天宝三载（744），最晚的约作于大历元年（766）。

[3] 见唐代杜甫《饮中八仙歌》。

的狂放飘逸，又有内在精神的逍遥自得。

大致以李白流放为界，昔日的仙人形象被逐臣形象所取代。放眼整个唐代，好多人推崇的是李白仙风道骨，[1]较少有人关注李白的下狱几死，悲伤逆流成河。只有杜甫和李白的心，朋友一生一起走。当杜甫寓居成都草堂，他又写诗说："不见李生久，佯狂真可哀。世人皆欲杀，吾意独怜才。敏捷诗千首，飘零酒一杯。匡山读书处，头白好归来"。[2]杜甫和李白始终没有见面，李白获罪，身陷囹圄，好多人叫着嚷着要将"乱臣贼子"李白处以极刑。在"世人皆欲杀"的舆情之中，杜甫用诗歌作为战斗的武器，表现与"世人"态度的截然对立，表达对李白蒙冤的真挚同情。李白疏狂自放，诗酒飘零，少年读书于匡山。杜甫希望他叶落归根，终老故里，李白如果返回匡山，久别的老友可以在四川相见，杜甫表达了和李白再次相聚的憧憬。没想到，就在这首诗写后的第二年，一颗巨星当涂陨落，世间再无李白。

袁枚说："景从外来，目之所触，留心便得：情从心出，非有一种芬芳悱恻之怀，便不能哀感顽艳。"[3]这话适合

[1] 如司马承祯。
[2] 见唐代杜甫《不见》。
[3] 出自清代袁枚《随园诗话》。

杜甫。文字不会说谎。最普通的是朋友，最稀缺的还是朋友。杜甫自己都不知道下一个路口是怎样的"平上去入"，但是他无时无刻不在关心李白命运的"起承转合"。杜甫的碎碎念念，李白的岁岁年年。杜甫在李白至暗的时候用梦陪着他，一直陪到天亮。

李白杜甫，一个奔腾似水、一个沉稳如山、一个像谪仙飞天，一个像菩萨低眉。李白我也爱，我爱李白，我爱他超群绝伦的飞翔感。杜甫我也爱，我爱杜甫，我爱他感动天地的慈悲心。李白杜甫的友谊，我也爱。我爱李白杜甫的友谊，朋友不会走着走着就散了，友谊不会走着走着就丢了。

"三夜频梦君，情亲见君意"，这是杜甫生命中最感人的梦，也是大唐诗坛上最感人的梦。缥缈却真实，朴素却美丽。可是，正如有人说，"他把那么多的美丽馈赠给历史，而他的实际人生却基本无助。"我要提前剧透一下，杜甫在秦州的日子过得并不好。杜甫离开秦州后的日子过得更不好。杜甫，一个时刻希望别人走出泥泞的人，自己却已经深陷泥泞之中。

拾

客寓同谷

在举家漂泊、流寓同谷的过程中，杜甫经历了怎样的磨难？他的《同谷七歌》唱响了怎样的乡愁？

【文前按语】

　　在杜甫的诗中，"客愁"是常常被描绘与展现的主题。中国人自古安土重迁，然而杜甫的一生却几乎是在颠沛流离之中度过。背井离乡的他，在诗中使用了大量的"客"字，"有客有客字子美，白头乱发垂过耳。""万里悲秋常作客，百年多病独登台。"这一个个有力的"客"字道尽了他的羁旅之愁，与天涯流落之下个人的渺小与卑微。在连年的战乱之下，常常为饥寒所迫的杜甫不得不携全家辗转他乡，在一个又一个地方留下他们辛苦营生的身影，也许只有认他乡作故乡，才可以化解这无尽的乡愁吧。而在这自伤怀抱之外，更是有着对于远方亲人的思念，有着对于天下苍生的悲悯。

　　杜甫短暂地客居秦州后，又要举家南迁至同谷，长路漫漫，杜甫一家是如何跋山涉水来到同谷的？他们又是否在同谷过上了理想中的生活呢？

01

　　我敢说，每个人都有乡愁。余光中说，乡愁是一枚小小的邮票；三毛说，乡愁是梦中的橄榄树；莫言说，乡愁是家乡的红高粱；那杜甫的乡愁是啥呢？我想，杜甫或许会说，乡愁就是"万里悲秋常作客"。

　　公元759年十月的一天，杜甫携家带口又出发了，就此别过秦州。那老杜这个"秦州客"要到哪儿去呢？到同谷去，成为"同谷客"。习惯上，秦州和同谷被称作"陇右"。具体来说，从秦州去同谷，就是从今天的甘肃天水去往甘肃成县。虽然没跑出甘肃地界，但是相距二百多里。二百多里，高铁半个点的事儿。可是回到唐朝，要征服这二百多里，不是一咬牙一跺脚就能完成的。

　　当年杜甫行走的路线非常清晰：赤谷——铁堂峡——盐井——寒峡——法镜寺——青阳峡——龙门镇——石龛——积草岭——泥功山——凤凰台。大家看看，山多、谷多、峡谷多。这么说吧，杜甫一路走来，除了好走的地方没走，不好走的地方全走了。这么多地方，咱们挑一个，听杜甫给咱们介绍介绍青阳峡吧。

　　青阳峡是个大峡谷。杜甫自从翻越陇坂来到秦州，现在又从秦州赶往同谷，诗人已经翻越了无数的崇山峻岭。

亲历过跋涉之苦，杜甫当然希望地势能变得"友好"一点，可是路况越来越糟，越来越坏。[1] 到底怎么个坏法呢？杜甫说，这里重岩叠嶂，云水迷茫。乱石嶙峋，铺天塞地。很多地方就是"一线天"的感觉。这已经令人倒吸一口凉气了吧？杜甫接着告诉咱们，说这一路有四五里都是巨石，巨石不稀罕，关键那巨石啥模样呢，"奋怒向我落"[2]，意思是说，那么多大石头好像随时都能发生"山崩"，滚下来砸向自己，大家注意，老杜写的是这个"奋怒"，虽然它也是震怒、盛怒的意思，但是咱们琢磨琢磨，这个"奋怒"是不是包含了一种进行时，包含了一种现场感？好像这些大石头都攒足了力气，蓄势待发，这种超大的张力说不定下一秒就"轰隆"一声，难怪有人说杜甫把石头写活了。青阳峡不仅山势高耸，突兀奇崛，而且能见度非常低，雪飞霜降，整体氛围幽僻、阴森、恐怖，杜甫说"魑魅啸有风"[3]，这里狂风呼啸，可是你听起来都不像风，就好像什么山怪啊什么水神啊在那里大声嘶吼。这也太吓人了吧！整个青阳峡，山叠难行，水迷难渡。

说到这儿，可能某些人表示不服气，尤其那些探险达

---

[1] 见唐代杜甫《青阳峡》："南行道弥恶"。

[2] 见唐代杜甫《青阳峡》："溪西五里石，奋怒向我落。"《杜臆》："林迥峡角来"、石"怒向我落"，一经公笔，顽石俱活。"

[3] 见唐代杜甫《青阳峡》。

人、旅游博主，这地方好新鲜好刺激，这是值得"五星推荐"的好去处啊。可是咱们都明白一个道理：境由心生。此时的杜甫，不是游客、不是玩家，而是奔波者、是赶路人。何况杜甫一家人当时所有的"刚需"都已经到达了底线。

从杜甫这辈子来讲，从秦州做客再到同谷做客，这是诗人又一次举家漂泊。杜甫在途中写了一组诗，一共十二首。[1] 这十二首诗，除了第一首开宗明义，对自己南行的原因加以交代说明，接下来十一首都是以所游历的地名作为诗的题目，比如《青阳峡》。提到山水诗，大家一定会想到王维、孟浩然，除了王维、孟浩然，即使能想到李白，恐怕也迟迟轮不到杜甫。

严格来说，山水诗和纪行诗是不一样的。杜甫这十二首诗的长处在哪呢？杜甫把山水诗和纪行诗并成了一体，这个一体并非仅仅在于它们具有时间的连续性，也并非仅仅在于它们具有空间的连续性，而在于诗人走到哪写到哪，化整为零，同时这十二首诗，诗人又前后贯通，合零为整，展现了一个巨大的时空。

这个巨大的时空是什么呢？我个人认为，它不仅包括物理时空，还包括历史时空。物理时空怎么讲？这是跨度

---

[1] 见唐代杜甫《发秦州》《赤谷》《铁堂峡》《盐井》《寒峡》《法镜寺》《青阳峡》《龙门镇》《石龛》《积草岭》《泥功山》《凤凰台》。

极大的陇右山水加上诗人历时多日的行役旅程。历史时空怎么讲？这是烽火狼烟的乱世背景加上诗人劳苦困顿的心灵告白，同样具有"诗史"的意味。

秦州，同谷。陇右的荒山古道，杜甫亲身走过；陇右的奇山异水，杜甫亲眼见过。公元八世纪，诗人千回百转的所在，今天山依旧，水依旧，我每每阅读杜甫的诗作，似乎窥见了诗人当年蹒跚的脚步和沉重的叹息。杜甫历尽千难，历尽万险，好不容易到了同谷。

接下来的问题是，杜甫一家在秦州生活的时间非常短，为啥来也匆匆、去也匆匆，他们又急着要赶去同谷呢？

【编者语】

从秦州到同谷，一路山高路险、壁立千仞。凛冽的寒风如魑魅般无情地呼啸而过，饥寒交迫的杜甫不得不于天寒地冻之中，携全家流浪，南行至更加温暖的同谷。在他的满心希望中，同谷或许是一方乐土，是他可以安身立命之所。他梦想着那里的生活，全家能吃饱穿暖，过上太平的日子。那么，当他来到同谷，生活真的会有所好转吗？又是什么原因让他选择来同谷呢？

02

杜甫之所以赶往同谷，如果要深究背后的主要缘由，我的总结有两点：一个是"无"，一个是"有"，那无的是啥，有的是啥呢？

"无"：无衣食。杜甫在秦州的日子过得越来越差，之前原本不多的积蓄也是花一分少一分，杜甫不是投靠了他的侄子吗，[1] 他的侄子也是靠天吃饭，自己都捉襟见肘，那一点点的接济对杜甫来说无异于杯水车薪。所以，杜甫在诗里说："无食问乐土，无衣思南州"[2]。天下到底有没有一方乐土，能让我不挨饿，我真想往南方挪一挪，那里暖和一些，好让我不受冻。大家看，这一时期的杜甫饥寒交迫，要吃没吃，要穿没穿。诗里的"南州"指的就是同谷。

正当杜甫在秦州走投无路的时候，有人给杜甫发来了邀请函，欢迎杜甫到同谷去，这就是"有"：有书信。这对于缺衣少食的杜甫来说，自然吸引力蛮大的。杜甫在诗中把他称作"佳主人"[3]，杜甫和这个"佳主人"虽未谋面，

---

[1] 指的是杜佐。

[2] 见唐代杜甫《发秦州》。

[3] 见唐代杜甫《积草岭》。

胜似谋面，"佳主人"在信中关怀备至，幸福的龙卷风来得这么突然，真是让人招架不住啊。当杜甫一家到了同谷，杜甫有没有得偿所愿，诗人等来的又是什么呢？说出来真是蹊跷，这个"佳主人"后来玩失踪了，他在老杜的诗里再也没有露脸，简直"人间蒸发"。这就引起后世无数人的猜测。最终的结论无外乎两点，我还是把它概括为"有"和"无"：第一，有虚无实。第二，有心无力。

"有虚无实"啥意思？有人推断，这个"佳主人"不是一般人，很可能是同谷县的县宰，相当于县令。否则他不会对杜甫做出什么承诺，要尽什么所谓的地主之谊。不过，他是"嘴请客，手关门——虚情假意"，当杜甫一家动了真格，他又避而不见，此乃势利小人，薄情之辈，杜甫被"涮"了一把，受骗上当，有苦难言。

"有心无力"又是啥意思？有人说这个"佳主人"到底啥来头不好确定，从老杜的性格来看，哪怕有人给他一丝一布、一树一苗、一瓜一菜，杜甫都在诗里有所反映，有所答谢，"佳主人"没给杜甫提供什么实质性的支持，恐怕也是爱莫能助。

客寓秦州无枝可依，再到同谷，又有何枝可依？杜甫又一次希望泡汤了，因此，杜甫在同谷不可能过得万物可爱，日子欢喜。一言以蔽之，全家几乎濒临绝境。啥叫绝境？

我的解释是：没有进路，也没有退路，甚至没有活路。

何以见得呢？杜甫有诗为证。在杜甫一千四百多首诗里，有一组诗非常特殊，这组诗一共七首，诗的全名就叫《乾元中寓居同谷县作歌七首》，我们简称"同谷七歌"。那"同谷七歌"都写了啥呢？我们来看第一歌：

> 有客有客字子美，白头乱发垂过耳。
> 岁拾橡栗随狙公，天寒日暮山谷里。
> 中原无书归不得，手脚冻皴皮肉死。[1]
> 呜呼一歌兮歌已哀，悲风为我从天来。

第一首，相当于杜甫的自序，大家看，这一时期的老杜给自己画了个像，像中的老杜什么模样？满头白发，乱如蓬草，垂过两耳，"白头乱发垂过耳"。

白头乱发，这还不算，关键是杜甫一家到了同谷已是隆冬季节，天气寒冷，这还不算，关键是日暮时分，很晚了。杜甫在哪里？"天寒日暮山谷里"。他在山谷干吗呢？诗人用了一个典故，"岁拾橡栗随狙公"，说他终日到山里去捡橡栗，也就是捡橡树的果实用来填饱肚子。可是冷风刺骨啊，"手脚冻皴皮肉死"。凛凛寒风，四顾茫茫，回

---

[1] 狙，读（ju 一声）。皴，读（cun 一声）。

家吧？家又在哪呢？诗人家在中原，不仅无家可归，而且眼下遍地烽火，音信阻隔，"中原无书归不得"。就这样，一位垂老之人颠沛流离，天边悲风袭来，何其愁苦！

杜甫这首诗集中表达的就是"客愁"。有诗评家是这么说的："但读开端'有客有客'四字，即欲为乱离人放声一哭。我何人也，而为客；今何时也，而作客；此何时也，而久客……[1]"是啊，自古少年作客尚且发出感叹："独在异乡为异客"。何况这个时候的杜甫已是白头老翁，远客穷谷。"有客有客字子美"，从客开始；"悲风为我从天来"，以天结束，真是悠悠苍天，何以卒岁！

不知大家想过没有，为啥我们走出去都会想家？为啥客愁会成为中国文学的一大母题？说到底，华夏文明是典型的农耕文明，所以，在文化心理上，每个人都安土重迁。然而，杜甫生逢乱世，他想不走都不行啊，诗人大半生不是在路上，就是准备在路上，迁徙、流动、飘蓬成了他的生命常态，当诗人寄居在一个又一个人生驿站，他心里的故乡就变成了一个渐行渐远无穷大的区间。但是杜甫的客愁包含多个维度，它包含羁旅情怀的宣泄、亲情团聚的诉说、故园故土的眷恋、家国命运的感慨、个体价值的忧思。

---

[1] 见吴冯栻《青城说杜》。

【编者语】

　　在杜甫的诗中，不仅有着深重的"客愁"，更有着博大宽厚的"仁爱"精神。杜甫虽已自身难保、难以为生，但他无时无刻不在心忧天下，不在思念着远方的亲人。为了躲避连绵战火，杜甫与弟弟妹妹们离散，他们天各一方，不得相见。那么，杜甫在诗中是如何展现对亲人的关怀的呢？

03

　　在同谷那个地方，除了橡树的果实可以吃，还有一种野生的类似芋头一样的东西可以果腹，他的根只有一颗，是黄色的，叫黄独，也有的版本写作"黄精"。杜甫呢，他经常去挖黄独，那挖黄独不能徒手去挖啊，杜甫用的这个农具叫长镵[1]。我感觉就是类似一把大锄头。杜甫说，他的衣服又薄又短，不管怎么拉扯，连小腿都盖不住。哪怕再寒再冷，如果能挖到黄独，也算值了，这是全家的口粮啊。结果大雪封山，诗人一无所获。杜甫两手空空回到家，但见家徒四壁，孩子们饿得倚墙呻吟，呻吟声既那么清晰，

---

[1] 镵，读（chan 二声）。

又那么刺耳，这个时候，在杜甫心里，一把长镵就成了杜甫相依为命的朋友，杜甫亲切地称他为"子"：

> 长镵长镵白木柄，我生托子以为命。
> 呜呼二歌兮歌始放，邻里为我色惆怅。
> ……

　　杜甫一家已经挣扎在死亡线上，可是，就在如此的生活重压之下，诗人仍然满怀深情，惦记远方的弟弟妹妹。

> 有弟有弟在远方，三人各瘦何人强。
> 有妹有妹在钟离，良人早殁诸孤痴。
> ……

　　咱们都知道，儒家学说最伟大的精神在于"仁爱"。那"仁爱"到底怎么爱，孟子不是说过吗："老吾老以及人之老，幼吾幼以及人之幼 。"这种仁爱之心是从身边人开始，由近及远，由亲及疏，进而推己及人，逐步推广到全社会。杜甫用他的诗为孟子这句话作了真真切切的阐释，也作了实实在在的实践。所以，杜甫被称作"孟子式"的诗人，人性的叩问在诗歌中获得与思想上同等的位置。纵观杜甫的一生，这种精神伴其始终。

我经常想，如果一个人不爱生身父母，不爱老婆孩子，不爱兄弟姐妹，他却说他爱国，这该是多么大的逻辑漏洞！杜甫有四个弟弟[1]，但他们都是同父异母，可是杜甫视兄弟如手足，和他们亲如一奶同胞。可是兵荒马乱，山路遥远，兄弟们风流云散不知所踪，杜甫一颗心怎么也放不下。杜甫有个妹妹嫁得很远，而且丈夫早早过世，只留下孤儿寡母，杜甫牵肠挂肚啊，他本打算乘船去一趟，无奈淮河之水水高浪急，加上南方也是战火连绵，故而难以成行，所以杜甫吃不好睡不香，寝食难安。杜甫在诗中不止一次写到自己的弟弟妹妹。大家看："故乡有弟妹"[2]"弟妹各何之"[3]"弟妹悲歌里"[4]"无由弟妹来"[5]"弟妹萧条各何在，干戈衰谢两相催"[6]，"梅花欲开不自觉，棣萼一别永相望"[7]，杜甫和弟妹们辗转不得相见，他用博大宽厚的胸怀给离乱中的弟妹撑起一片爱的天空。

到了杜甫写"同谷七歌"的时候，此时的诗人，生活质量已经持续走低，但是诗人却发出对弟弟妹妹最贴心的

---

[1] 分别为杜颖、杜观、杜丰和杜占。

[2] 见唐代杜甫《五盘》。

[3] 见唐代杜甫《遣兴》。

[4] 见唐代杜甫《九日登梓州城》。

[5] 见唐代杜甫《遣愁》。

[6] 见唐代杜甫《九日五首·其一》。

[7] 见唐代杜甫《至后》。棣，读（dì 四声）。

呼喊。

回到整个"同谷七歌",大家注意,诗中直接写到"我",一共写了8处[1]。这说明啥呢?这说明,歌中的抒情主体自始至终都是杜甫本人,那"同谷七歌"的我又是怎样的"我"呢?衣食无着,骨肉离散,老病孤愁,难以为生。所以,诗人自伤怀抱,呜咽凄恻,唱响的是一曲无尽的心灵悲歌。

大家再注意,在这8处写"我"的句子中包含4处写到"为我":"悲风为我从天来""邻里为我色惆怅""林猿为我啼清昼""溪壑为我回春姿"。在这里,"为我",它们在每首诗中出现的位置是一致的。"悲风""邻里""林猿""溪壑",它们都是以"我"为中心,都是"为我"。那"为我"仅仅是一种简单的重复吗?通过"为我",我们是不是倍加明白,杜甫此时的做客体验怎么样?不光身体不舒服,关键精神也不舒服。就连悲风都为我从天而起,就连邻居都为我感到难过,猿猴也为我白日哀啼,山谷溪涧也为我带来春的消息。同谷的外来客似乎很强大,其实特渺小。无论天上地下,无论看到听到,一切都那么茫然

---

[1] 分别是:"悲风为我从天来""我生托子以为命""邻里为我色惆怅""安得送我置汝旁""林猿为我啼清昼""我生何为在穷谷""我行怪此安敢出""溪壑为我回春姿"。

凄惶。

对于"同谷七歌"，有诗评家把它和屈原的《离骚》作了两相对比："读《离骚》未必坠泪，而读此不能终篇。"[1]没错，同谷是杜甫的一块伤心地。从杜甫这辈子来看，客寓同谷不过一个短暂的人生苦旅，假如没有"同谷七歌"横空出世，或许同谷难以构成一个重要的生命节点。连杜甫自己都没想到，"同谷七歌"后来火了，因为涌现出一大堆"模仿秀"，尤其明清时期的仿作不断，于是诗歌史上就有个说法，杜甫的原作以及后人的仿作被统称为"同谷体"。

值得我们思考的是，为啥"同谷七歌"诞生后引发无数文人强大的共情？这个共情力到底在哪？难道杜甫卖了一个惨，竟然卖出了一个天价吗？

04

如果大家阅读杜诗全集就会发现，杜甫直接在题中或者在诗中出现过不同的歌，比如，行歌、当歌、讴歌、浩歌、高歌、放歌、短歌、长歌、狂歌、醉歌、哀歌、悲歌等等。

---

[1] 王嗣奭。

"歌"对于杜甫来说不单是一个概念,而是围绕"歌"生成了一个美学体系。在杜甫整个诗歌创作中贯穿着"歌"的灵魂。

那"同谷七歌"到底好在哪呢?咱们来看最后的第七歌:

> 男儿生不成名身已老,三年饥走荒山道。
> 长安卿相多少[1]年,富贵应须致身早。
> 山中儒生旧相识,但话宿昔伤怀抱。
> 呜呼七歌兮悄终曲,仰视皇天白日速。[2]

杜甫的意思是说,在国难当头的时刻,他本应施展自己的安邦靖世之才,然而不被朝廷重用,不得不流落穷谷荒山。"山中儒生旧相识,但话宿夕伤怀抱",当故人见面,不禁感慨万端,共话当年抱负,诗人忧思满怀,时间过得太快了,可是自己到头来老大无成,"仰视皇天白日速"。当我们读到结尾,大家说,"同谷七歌",杜甫只是单纯地叹老悲穷吗?假如杜甫只是说他如何惨如何惨,即使杜甫说得撕肝裂胆,说得无以复加,也不具备打动人心的力

---

[1] 少,读(shao 四声)。
[2]《乾元中寓居同谷县,作歌七首》。

量。关键在于，即使杜甫已被推到生活的悬崖，但他从来没有放弃对自我的期许。可以说，一而再，再而三，三而不竭，堪比"十年饮冰，难凉热血"。

所以，"同谷七歌"之所以在后世能成为文人们的"长期热搜"，离不开两个主要原因。

第一个原因：艺术上过硬。"同谷体"是一种特殊的诗体，在诗，则顿挫淋漓，沉郁感伤；在歌，则循环播放，荡气回肠。

从表现手法看，"同谷七歌"是个长篇，但以单首而论，又是短章。这就从总体上决定"同谷七歌"既叙事又抒情；从结构章法看，七首相连又各有侧重，一唱三叹又前后呼应；从叙事角度看，"同谷七歌"采用一事一歌的歌唱模式。它的切入点非常灵活，所歌之事由一个大背景加以统摄，七首诗敷衍连缀，形散而神聚。

第二个原因：思想上过硬。从文学史来看，杜甫的"同谷体"可谓发端之作，在后世嗣响不绝，形成一个跨越时空的批评场域，折射出"同谷七歌"在接受史上巨大的影响力。

比方说，文天祥、汪元量、郑思肖、陈子龙、王夫之、顾贞观等等，当他们居处难定、衰老难支、世故难测、才志难伸，以及某些难以名状的悲怆，他们组成"接力队"，继续书写"同谷体",给"同谷体"赋予崭新的生命。换句话说,不是因为杜甫写得太惨,而是因为杜甫即使表现的身世家国之感开启了分享通道,让后世文人找到了集体共鸣,他们对于杜甫馈赠的这桩厚礼暗中标好了"价格",这才是"同谷七歌"最值钱的地方。

说到这儿,我非常欣赏冯至先生关于杜甫的一个比喻,他说:"你的贫穷在闪烁发光,像一件圣者的烂衣裳,就是一丝一缕在人间,也有无穷的神的力量"。没错,这就是杜甫身上永恒的光。

从杜甫这辈子来说,客寓同谷是诗人一生最困窘的时期,这一年是乾元二年,也就是公元759年对杜甫的一生来说都是值得纪念的一年。[1]杜甫总结说,这一年中他走了四个地方[2]:从洛阳还华州,由华州赴秦州,由秦州赴同谷,再由同谷赴成都。杜甫在同谷只停留一个月左右,在公元759年的年终岁末[3],杜甫又打点行囊,被迫带着一家老小再次启程,南下成都,成为"成都客"。咱们都知道,蜀道山川自古闻名遐迩。杜甫一家还要登绝顶、穿峡谷、经栈道、渡急流,才能来到沃野千里的天府之国。

---

[1] 陈贻焮《杜甫评传》,上海:上海古籍出版社,1982年版,第496页。

[2] 见唐代杜甫《发同谷县(乾元二年十二月一日自陇右赴剑南纪行)》:"奈何迫物累,一岁四行役"。

[3] 公元759年12月1日。

那么，成都能不能给诗人疲惫的身心带来些许安慰呢？

到这里，已经谈到杜甫的中年危机。杜甫从拾遗上任，到被贬华州，再到成为秦州客，成为同谷客，浮云游子，天涯倦客。杜甫的中年太难，本来就是"缓慢型人才"，又加入了"摩擦性失业"和"待富人群"的队伍，他似乎连油腻的资本都没有，因为根本不用担心营养过剩。经常有人遗憾地说，如果人生像一场长跑，老杜前半程无敌，后半程绝杀，那该多牛啊。我想说，别看杜甫不当官了，但他操得都是当官的心。如果杜甫的人生档案改写，恐怕杜甫就不是我们今天谈论的杜甫了。尽管杜甫活成了自己不想活成的样子，也活成了我们不想看到的样子，但是诗人始终保持对这个世界最初的善念、最大的善意、最真的善良，没有一丝戾气。

杜甫到了成都，留下著名的成都草堂，之后杜甫继续流落湖湘，他自己说，"飘飘何所似，天地一沙鸥。"[1]诗人四方辗转，诗人只剩下最后的 10 年了，岁月不饶人，老杜也没有饶过岁月。杜甫漂泊巴山蜀水，给咱们留下那么多好诗。接下来，我们继续去感受杜甫诗里"当春乃发生"的好雨时节，去感受"无边落木萧萧下"的深秋时分，去感受夔州城的巫山巫峡，去感受浣花溪的舍南舍北，去

[1] 见唐代杜甫《旅夜书怀》。

感受一位天地间行走的"诗圣"。最辉煌的大唐，得到诗人最凄怆的回忆；最卑微的苍生，得到诗人最伟大的记挂。杜甫从来没有朱紫加身，高高在上，但是我们却没有一点理由不去仰望。